渠道之道

渠道工作者的案头工具书

常莉 著

北京大学出版社

内容提要

当前经济形势严峻，企业的生存和发展、渠道工作者的能力提升都面临着前所未有的挑战，渠道销售能力的提升对于企业业务目标的实现具有重大意义。在这样的背景下，不管是渠道工作者，还是企业，都需要不断提升业务能力、提高销售效率。

本书基于作者10多年ToB业务实践经验和咨询赋能经验，结合作者参与发起的ToB渠道总监联盟平台上的3000多位渠道总监的交流、观察，对ToB业务中的渠道实践经验进行了沉淀和总结。全书分为八章，从渠道销售战略解码、渠道力建设的三角场、渠道运营之道、渠道拓展之道、渠道赋能之道、渠道成交之道、渠道销售管理之道和心智修炼之道入手，为渠道工作者答疑释惑，助力渠道工作者的能力稳步提升。

本书将渠道工作与相关场景密切结合，非常适合渠道工作者阅读、参考。同时，也适合作为高等院校相关专业的教材使用。

图书在版编目(CIP)数据

渠道之道：渠道工作者的案头工具书 / 常莉著. —北京：北京大学出版社，2024.7
ISBN 978-7-301-35111-6

Ⅰ. ①渠… Ⅱ. ①常… Ⅲ. ①销售学 Ⅳ. ①F713.3

中国国家版本馆CIP数据核字(2024)第108193号

书　　　名	渠道之道：渠道工作者的案头工具书 QUDAO ZHIDAO：QUDAO GONGZUOZHE DE ANTOU GONGJUSHU
著作责任者	常　莉　著
责任编辑	滕柏文
标准书号	ISBN 978-7-301-35111-6
出版发行	北京大学出版社
地　　　址	北京市海淀区成府路205号　100871
网　　　址	http://www.pup.cn　　新浪微博：@北京大学出版社
电子邮箱	编辑部 pup7@pup.cn　总编室 zpup@pup.cn
电　　　话	邮购部 010-62752015　发行部 010-62750672　编辑部 010-62570390
印刷者	北京鑫海金澳胶印有限公司
经销者	新华书店
	720毫米×1020毫米　16开本　13印张　200千字 2024年7月第1版　2024年7月第1次印刷
印　　　数	1–4000册
定　　　价	69.00元

未经许可，不得以任何方式复制或抄袭本书之部分或全部内容。
版权所有，侵权必究
举报电话：010-62752024　电子邮箱：fd@pup.cn
图书如有印装质量问题，请与出版部联系，电话：010-62756370

推荐序一

Preface

当代工商业的成功运营逻辑可以归纳为价值主张（Value Creation）、价值交付（Value Delivery）和价值捕获（Value Capture）。对于以 ToB 业务为主要业务的企业来说，"渠道"是企业交付价值和捕获价值的核心途径。这个世界是商业环境快速演变的世界，掌握渠道策略对于企业成长轨迹的塑造来说至关重要。作者总结了其近 10 年发展渠道模式的经验，精心研究了渠道模式的商业理论和相关资料，在《渠道之道：渠道工作者的案头工具书》（以下简称《渠道之道》）中，系统地介绍了现代化企业发展渠道销售模式的逻辑、方法和实践经验，并针对当代商业模式的价值理论体系，给出了具象解读。

《渠道之道》从企业的战略层面入手，强调了渠道工作者对用户和渠道客户的双重责任，分析了企业应该如何有效地通过渠道向市场表达和交付其独特的价值主张。本书深入探讨了价值交付的本质，提供了建立、管理、优化客户体验并确保价值无缝交付于用户的渠道客户关系蓝图。本书强调渠道客户的战略选择和组织目标的培养、增强，致力于推动构建强大且响应迅速的渠道生态系统。

渠道模式的成效，应该最终体现在价值捕获上。《渠道之道》论证、说明了，一个实施良好的渠道策略，不仅能帮助企业增加财务收益，还能帮助企业增强品牌权益、提高市场份额和客户忠诚度。本书提供了一系列策略和见解，努力帮助企业给予渠道合作伙伴最好的激励，提高自身渠道投资回报最大化的能力，使自身的财务成功与更高层次的商业目标形成有机统一。

《渠道之道》穿插分享了诸多有价值的案例，以及对优秀渠道商务实践的见解，此举既增加了本书的趣味性，也能更好地帮助读者将书中介绍的理论、方法与真实场景关联，轻松地学以致用。

《渠道之道》是关于渠道销售策略和实务的指南。无论是以 ToB 业务为主要业务的企业，还是渠道运营商，都应该读一读本书，相信本书会成为致力于深入了解当代渠道模式和渠道管理，并在复杂的商业环境中取得成功的企业家和商业领导者的宝贵学习资源。

《渠道之道》提供了实用的策略和深刻的洞见，能帮助读者构建一个既传递价值，又辅助实现价值获取的高效渠道网络。现在，让我们开启一段探索和发现之旅，通过了解渠道管理的艺术和科学，谱写新的成功篇章吧！

陈东敏

北京大学教授

北京大学产业技术研究院 / 北京大学创新创业学院创院院长

推荐序二

几十年来,我幸运地参与了一些企业的创立和发展,经历了部分企业从0到1、从1到10的发展过程,涉足了各种各样的行业。我不仅接触过运营企业,还接触过孵化、投资企业,这让我见证了成千上万个创业企业的起起伏伏、生生死死,从而积累了一些经验。我将这些经验总结为"简约商业思维",核心为12个字:把握本质、遵循常识、聚焦关键。

我们处在剧变的时代,但无论世界如何变化,商业的本质是不变的。因此,把握商业的本质,便能在不确定性中拥有确定性,将企业做得越来越好。商业的本质是创造价值、传递价值和获取价值,因此,企业要做到产品好、服务好;成本低、效率高;传播准、快、广。

从资深管理咨询从业者到上市公司的业务操盘手,本书作者常莉女士通过观察、思考和实践,整理出了一套行之有效的渠道工作方法论和实践体系,以辅助企业用更低的成本、更高的效率,对企业的产品和服务进行更精准、更快速、更广泛的推广。《渠道之道》凝聚了常莉女士丰富的渠道业务咨询、管理和销售经验,是一本诚意十足的渠道工作者学习、思考指南。

企业业务的开展,本质上以战略为基石,以实现目标为目的。渠道工作作为业务战略的重要一环,渠道力作为业务目标实现的重要力量,越来越多地引起了企业的关注和研究。正如本书所言，如果把企业比作一列呼啸向前的列车，那么，市场业务的开展能否为这列列车带来动力（而不是阻力），取决于企业的业务战略目标能否真正地分解到渠道销售的工作中去。因此，对渠道工作的本质、规律和方法的深刻洞察显得尤为关键。

《渠道之道》从战略角度入手，系统地分析了渠道销售的重要性——不仅关系着企业的发展，更关系着企业的存亡。作者在本书中提出的"渠道力"这一概念，涵盖渠道拓展、渠道赋能、渠道成交3个关键环节，对渠道工作者有很强的实践指导意义。

渠道之道，不仅是生存之道，还是发展之道。本书提供了许多实用的工具和方法，如渠道销售战略解码图、渠道力建设三角场模型、七步成交工作法等，极具实战意义。本书还对渠道运营管理的方方面面进行了探讨，如渠道选择、培训、管理和激励，并提出了渠道拓展的四大策略、五大工具。此外，作者从心智修炼的角度入手，强调了渠道工作者拥有目标感、同理心的重要性，以及向内求和知行合一的重要性。

大道至简，实干为要。

商业环节中的每一个个体，无论是企业家、创业者、管理者，还是基层员工，都要不断探寻，找到适合自己的"道"，并踏踏实实地践行此"道"。

针对"渠道之道"这个重要命题，相信本书可以引发读者关于渠道业务本质的思考，并对企业渠道业务的具体组织行动策略提供正向启发。

徐井宏

清华大学教授

北京中关村龙门投资有限公司董事长

"简约商业思维"创建者

● **为什么要写这本书？**

为什么要写这本书？这是我在写作之初一遍又一遍问自己的问题。

从大环境的角度看，国内外形势正在发生深刻的变化，未来10年对所有人来说都是极其严峻的10年。ToB（To Business，即为企业提供产品、服务）业务模式作为中国本土企业的重要商业模式被广泛关注和推广，渠道模式（企业通过渠道分销商、经销商等合作伙伴将产品及服务销售给用户的模式）作为ToB业务模式的核心变现模式，正在发挥越来越重要的作用。

从ToB企业（以ToB业务为主要业务的企业）的角度看，渠道模式有着和直客模式（企业直接通过销售团队将产品及服务销售给用户的模式）不同的商务逻辑和运营逻辑。渠道模式不仅需要对用户负责，还需要对渠道客户负责，其双重价值输出体系是非常重要的底层思考逻辑。无论是我服务过的数十家企业，还是我创业所得的ToB企业，都曾经历摸着石头过河的过程，我在与它们一起"过河"的过程中积累的经验，足以为读者"过河"搭建一座桥了。

从我个人的角度看，我10多年的从业生涯始终围绕着ToB业务在努力。从咨询顾问到连续创业者，从帮助和指导企业建设业务体系和渠道体系，到躬身入局，和客户一起面对最真实的ToB业务实战场景，在因为有渠道的高效建设，完成了本以为无法完成的业务目标时；在因为渠道服务做得精准，获得了一批又一批忠实的渠道客户时；在因为有渠道机制的合理设置，让渠道客户获得了超预期的回报时；在服务的渠道客户依托有效渠道业务模式的设置，不断成长壮大起来时，我慢慢发现，渠道工作是一项有章可循的工作。我希望把一路以来亲手操盘的、观察到的优秀渠道业务案例和经验沉淀下来、分享出去，这是一件并不容易，但是很有价值的事情。不求尽善尽美，但求本书记载的经验可以和有缘人分享，如果能为大家启发一二，幸甚至哉。

做学问、著书、立说，北京大学"思想自由、兼容并包"的学术精神深刻地影响着我。

作为毕业于北京大学的学子，本书由北京大学出版社编辑出版对我来说具有非凡的意义。在此，由衷地感谢北京大学出版社的魏雪萍主任和责任编辑滕柏文老师对我的信任、支持和指导。

从构思、调研、整理资料到完成撰写，《渠道之道》从无到有用了差不多一年的时间。一年的时间里，我得到了很多朋友的鼓励和支持。在这里，要特别感谢畅销书作者刘艳女士、李骏翼先生，他们在书的定位和撰写方面给了我非常大的帮助和启发；要特别感谢ToB渠道总监联盟发起人牛登林先生，深圳黄鹂智能科技有限公司副总裁王猛先生，凯利时科技有限公司创始人、著名体育主持人刘建宏先生，北京冠声文化传播有限公司首席执行官杜远智先生，课后服务行业联盟创始人赵晓琳先生，北京赤足运动科技有限公司创始人贾锡平先生，他们在我写书的过程中，与我进行过让我受益匪浅的交流。

本书价值的沉淀，根本上源于我在从业过程中遇到的所有客户，以及和我并肩作战的老师、合作伙伴。在10多年时间中，我快速成长，成为现在的我，成就这10多年的经验积累。回顾成长历程，我由衷地感谢和君集团创始人王明夫先生，和君集团董事长王丰先生，和君集团资深合伙人路明先生，惠远企业管理咨询有限公司创始人李书玲博士、羽毛球世界冠军林丹先生、谢杏芳女士、讯飞幻境科技有限公司董事长闫宏伟先生。

◐ 这本书主要讲什么？

这本书主要讲在 ToB 业务中通过渠道方式变现的核心方法和心法，具体包括多个独创的渠道业务思考模型、商务实践中常见的实践工具、数十个渠道业务实践案例。

ToB 业务变现最核心的模式是渠道模式，渠道工作是销售的一环，更是为渠道客户提供产品、服务的一环，需要渠道工作者有非常强的产品感和服务感。首先，怎么打动渠道客户，让客户相信可以为他提供价值的人是你，而不是别人；其次，如何让渠道客户相信你的服务可以帮助他解决问题；再次，如何让渠道客户相信他的收益会大大超过他的投入；最后，如何驱动渠道客户付费并持续合作。每一个问题背后都有渠道工作方法和心法体系的支撑，这一整套方法和心法，形成了渠道之"道"。

在撰写本书的过程中，我和近百名创业者、渠道销售、销售管理者进行了交流，他们所在的企业涉及教育、医疗、制造、新电商、新能源汽车等行业，销售规模从百万量级到百亿量级不等，在交流过程中，我时时充满期待和惊喜。我极尽所能地试图借助本书囊括优秀的经验，但是商业模式和销售方法从来没有绝对的最优解。别人的方法和经验，可以成为新思路的来源，或者成为规避常规问题的借鉴，但绝不应该成为"拿来主义"的源头，希望本书的读者可以抱着这样的心态进行阅读和思考。

◑ 我对这本书有什么期待？

如果您是 ToB 业务的基层渠道工作者，希望本书能够为您解答实际工作中的一些问题和困惑，帮助您更加得心应手地开展工作；如果您是 ToB 业务的渠道管理者，希望本书可以为您开启业务拓展的另一个视角，帮助您进一步思考渠道模式核心环节工作的开展和渠道销售的管理；如果您只是一名销售工作者，还未深入了解过 ToB 业务的渠道模式，希望本书对渠道工作的介绍和分享可以为您带去新的思考维度。

"曾梦想仗剑走天涯，看一看世界的繁华"，渠道工作是一项需要日积月累的工作，是千帆过尽自从容的工作，商业江湖需要御剑前行，希望这本书可以成为渠道工作者手中的利剑，为渠道工作者的前行之路增添几分自如之感和洞察之力。

渠道销售战略解码　001　　　　　　　　　　　　　第一章 01

第一节　跑马圈地之前　//002
第二节　渠道销售战略解码图　//005
第三节　渠道业务战略目标制定的三环模型　//007
第四节　渠道业务目标实现的组织协同地图　//012
第五节　渠道销售的激励罗盘　//013
第六节　渠道业务战略会怎么开　//022
第七节　案例——某新三板企业年度渠道业务战略会的开展　//024
◎ 本章教练助手　//030

渠道力建设的三角场　032　　　　　　　　　　　　第二章 02

第一节　渠道力建设三角场　//033
第二节　渠道业务的相关主体　//036
第三节　渠道工作的金字塔原理　//040
第四节　渠道力建设的常见问题　//044
第五节　案例——某创业企业渠道力三角场建设案例　//047
◎ 本章教练助手　//050

第三章 渠道运营之道——渠道的"选育用留" 052

第一节　渠道的选择 //053

第二节　渠道的培训 //058

第三节　渠道的管理 //060

第四节　渠道的激励 //063

第五节　渠道运营管理的常见问题 //065

第六节　案例——某民营企业渠道运营管理案例 //068

◎ 本章教练助手 //071

第四章 渠道拓展之道——修炼内功、投其所好 073

第一节　渠道拓展的一个原则：先利他，再共赢 //074

第二节　渠道拓展的两个前提 //077

第三节　渠道拓展的三大核心难题 //080

第四节　渠道拓展的四大策略 //082

第五节　渠道拓展的五大工具 //087

第六节　渠道拓展的六大重点工作 //090

第七节　渠道客户拓展模型 //094

第八节　案例——万名渠道总监社群是怎样拓展的 //097

◎ 本章教练助手 //100

第五章 渠道赋能之道——赋予渠道获得感和安全感 102

第一节　渠道需求的洞察 //103

第二节　渠道的利益分配机制设置 //109

第三节　渠道的全流程赋能体系设置 //113

第四节　渠道赋能的核心要点 //116
第五节　案例——某上市企业的渠道赋能案例 //119
◎ **本章教练助手** //123

渠道成交之道——七步成交工作法　125

第六章 06

第一节　"七步成交工作法"概述 //126
第二节　甄别渠道——漏斗工作法 //127
第三节　确认需求——剥洋葱工作法 //132
第四节　建立信任——价值交换法 //137
第五节　建立合作——"鳄鱼翻滚"工作法 //139
第六节　成单——双向奔赴工作法 //141
第七节　终值体验——组织协同 //143
第八节　渠道成交——发展自己的"铁粉"级渠道客户 //145
第九节　案例——某企业在空白市场的渠道成交案例 //146
◎ **本章教练助手** //149

渠道销售管理之道——上下同欲　151

第七章 07

第一节　渠道业务目标管理——目标制定和行动计划分解同样
　　　　重要 //152
第二节　渠道客户管理——渠道资源不是渠道销售的个人资产 //156
第三节　渠道价格管理——合理是前提，公平是原则 //158
第四节　渠道财务管理——账期、回款和应收款 //161
第五节　渠道销售人员管理——要业绩、管动力、促成长 //163
第六节　渠道销售管理的常见问题 //166
第七节　案例——企业销售团队集体辞职去竞争对手企业 //170
◎ **本章教练助手** //171

第八章

———————————— 心智修炼之道——失之得之　173

第一节　优秀渠道销售的 3 种类型 //174

第二节　渠道业务的 6 个真相 //176

第三节　目标感 //182

第四节　同理心 //184

第五节　向内求 //186

第六节　知行合一 //189

◎ **本章教练助手** //191

结语　// 193

第一章 渠道销售战略解码

　　所有业务开展的目的都是越来越接近本质——服务于目标的实现。ToB 业务中，企业对业务开展成功与否的本质判断是以战略目标实现与否为基础的，渠道只是工具，不是目的。渠道销售应该服务于 ToB 企业战略目标的实现。那么，如何从战略层面入手系统思考渠道机制的建设呢？本章来讨论与之相关的问题。

　　渠，水所居也；道，路径也。渠道，从字面上理解是水流的路径。在 ToB 业务的商业语境中，"渠道"就像河道，将产品和服务从企业库房输送到客户手中。渠道链接了产品与用户，打通了销售和市场，是企业的产品和服务通向用户的路径，也是企业业务进行商业变现的重要通道。渠道工作是业务战略的重要一环，这决定了在 ToB 业务工作中，企业需要结合内外部情况，进行系统的渠道布局和管理。

第一节 跑马圈地之前

在渠道销售工作中，我们常将渠道网络拓展和渠道体系建设的过程称为"跑马圈地"的过程。"马"通常指企业提供给渠道销售用以为渠道客户创造价值的产品和服务，是渠道工作可以开展的前提和基础。"马"的优劣，在某种程度上会直接影响渠道建设的效果。"地"则是指企业的产品和服务能够覆盖的范围，体现企业的产品、服务的市场占有率和潜在商机的变现程度。

在"跑马圈地"之前，企业需要为渠道销售提供足可以支撑渠道工作开展的有差异化价值和市场竞争力的产品和服务，如果产品和服务不足以支撑渠道销售打动客户、满足用户的需要，渠道工作是很难达到预期效果的。

"圈地"效率和成果的优劣，受"马"影响的同时，也受企业组织系统的深刻影响。笔者看到，非常多的优秀渠道销售最大的痛苦不是来自如何做渠道工作，而是来自如何与企业内部的各种不流畅的制度和故步自封的产品、服务体系斗争。渠道销售部门和中后台产品、服务部门的协同，是企业管理者需要直面的难题之一。

实战微案例

背靠背战斗，我把后背交给你，你却让我腹背受敌

渠道销售老钱就职于一家SaaS（Software as a Service）软件系统服务公司。老钱是行业里的资深工作者，公司老板邀请其加入公司已经有一年多的时间了。因为公司是创业公司，所以老板很重视工作经验丰富的老钱，对其委以重任，让老钱带着一个销售团队进行业务拓展。老钱希望能够在公司实现自己的财富自由梦想，甚至在刚入职时下定决心，要在此干到退休。然而，一年多来，他觉得越干越烦闷。

老钱来到公司，带来了很多优质客户，其中大部分是他多年的合作伙伴。入职一年多来，老钱的客户总是对他抱怨他所在公司的各种组织协同问题，老钱也被公司内部的组织协同问题弄得焦头烂额。在和中后台各部门的配合过程中，老钱发现，这里小摩擦不断，比如，给客户承诺的交付时间，总是会因为交付团队所谓的"按照项目顺序支持"而耽误；又如，售后产品出现问题，售后团队的服务响应速度和问题解决质量经常被客户投诉；再如，产品团队迭代产品后不及时通知销售团队，导致很多商务沟通效率低下……作为职场老人，老钱习惯于把不满藏在心里，尽量自己消化，但是作为销售团队管理者，越来越多的时间和精力浪费在内部沟通、协同中，他无法接受自己的工作效率越来越低。终于有一天，老钱爆发了。

起因是财务跳过他，直接向客户催款，且态度强硬，最后竟然和客户吵了起来。针对这件事，老钱非常生气，对老板说，必须让财务部门负责人给客户道歉。财务部门负责人则称老钱回款效率低，如果老钱把工作做到位，财务就不用讨这个嫌，去找客户催回款了。两个部门各执一词，老钱愤怒地表示："我们辛辛苦苦地在一线拓展客户、维护客情，你一个电话打过去，客户都不想和我们合作了！都说背靠背战斗，我们好不容易把客户从竞争对手那边抢过来，你们中后台不仅不做好服务，还在背后给我们一刀，这工作怎么干？"

老钱遇到的组织协同问题并不是个案，甚至可以说是商业实战中特别普遍的现象。从解决思路上看，这不仅是组织层面的问题，更是战略管理层面应该面对的问题。企业管理者不要奢求组织会在没有战略共识和共同目标指导的情况下良性地化解部门之间的高效协同问题。

渠道销售的成功，是一个基于标准动作的概率事件，当胜券在握的重大战略项目频频出现失误时，当渠道客户的需求在逻辑上可以满足但在实际工作中频繁出现问题时，企业业务负责人要反思，是不是渠道销售战略在组织层面的执行上出现了问题。

战略不清则方向不明，方向不明则动作不齐，动作不齐则会形成内耗。内耗是组织协同目标不明确在业务协同流程中的重要体现之一，往往使得渠道销售还没有开始工作就丧失了斗志和激情，造成事倍功半的结果。这样的情况下，怎么能期待渠道销售在竞争激烈的商场上战胜竞争对手呢？

面对渠道业务，如果企业管理者没有在战略层面进行统一部署，引导内外部协同合作，上下同欲，渠道销售就很容易走很多的弯路甚至错路，无法实现组织目标。这样的情况多了，会有越来越多的渠道销售疲于奔命，渐渐地丧失工作热情和实现目标的动力、信心。

面对渠道业务，在"跑马圈地"之前，企业管理者应该在战略层面进行整体思考和规划，以保证渠道销售工作可以在组织范围内达成共识，并形成以实现目标为导向的高效协同。

第二节 渠道销售战略解码图

渠道销售战略是企业整体战略结构中尤为重要的一环。在企业的组织语境中，销售常被认为是一个结果，很多企业习惯用目标管销售，用绩效提动力，找销售要结果，这在组织的话语体系中是没有问题的，但是，渠道销售战略如果不是从业务战略体系中发育而来的，会给企业的渠道业务带来非常大的运营风险，进而影响渠道工作的效率和目标实现。

渠道销售战略的解码，首先是基于企业整体战略进行渠道业务目标设定，在渠道业务目标设定中，业务数据目标、渠道拓展目标和销售行为需要为组织带来的提升目标都应该有所体现，并且配备详细的行动计划。其次，在渠道业务目标设定后，组织层面应该形成明确、高效的协同机制。最后，在目标明确、组织保障完善的前提下，人才激励体系需要明确、高效、及时地进行匹配，如图1-1所示。

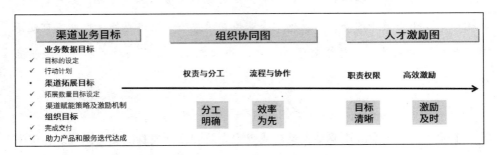

图1-1 渠道销售战略解码图

实战微案例

"事必躬亲"的老板正在毁掉自己的企业

渠道销售小刘就职于一家民营公关企业，这家企业成立10多年了，小刘是和企业一起成长起来的，可以说，小刘见证了这家企业的发展历程。小刘说，身边很多有想法的同事受不了企业的管理风格，都离职了，"老员工"只有自己，因为自己没有大的抱负和雄心，老板怎么要求就怎么工作。小刘说，他觉得这家企业是一个"人治"的企业，好像没什么正规、系统的管理，发展10多年了还是员工不足百人的小型企业，虽然挂牌新三板多年，但是在业务布局和业绩上没有大的改善、提升，近几年的发展更是举步维艰，几度面临破产。

小刘说，只要参加过企业的各类计划会和复盘会就可以发现，定战略目标全靠老板拍脑门，部门管理者都下沉成为执行者，老板"一言堂"，没有战略、没有组织化管理。大形势好时，企业稀里糊涂地过得不错。竞争越来越激烈、形势越来越差时，问题就出现了，老板依旧"事必躬亲"，企业的大小事都需要他签字才能推进，各部门没有充分地进行目标分解和组织激励，所有人的工作都围着老板转，老板盯得紧的时候，工作就紧凑些，老板注意不到，员工就"摸鱼"，部门之间的协同壁垒、阻碍重重，完全没有目标感、自驱力和组织合力。

"这家企业，销售人才的流失非常严重，因为大家赚不到钱，也没有成长的空间。老板就是一个核心销售，把握着企业的核心渠道、客户资源，客户都直接找老板。"小刘紧锁眉头，"我感觉企业现在很危险，老板再能干，也不可能不眠不休地盯着所有人。这里好像就老板一个人在忙，其他人都是伪装成很忙的样子。"

上述案例是企业战略驱动失灵造成组织失效和目标失真的典型结果。在渠道销售管理上，很多本土民营企业的管理团队只是做到了业务层面的"管"，并没有做到战略层面的"理"，即只是关注结果，并没有通过对战略目标进行梳理、对组织和人才进行激励和赋能，为业务目标的实现提供动力——企业本质上是"人治"，而非战略驱动的组织化运营。

渠道销售战略的重点是把业务目标分解到各组织模块，向组织要业绩，而不是单纯地向销售要业绩。没有在战略解码指导下形成的目标体系和激励体系，是不可能指导和助力渠道销售团队取得最好的目标实现效果的。

第三节 渠道业务战略目标制定的三环模型

渠道业务战略目标需要根据企业的整体战略规划、企业的组织情况和企业的商机储备情况制定。战略层、组织层和商机层，缺少任何一环的思考，渠道业务战略目标都无法切实、高效地得到制定和执行。

① 渠道业务战略目标制定的三环模型

渠道业务战略目标的制定需要在战略层对政策、法规、行业增长、资金分布、竞争格局进行分析和判断；在组织层将企业的预算、产品规划、组织能力和增长目标的实际情况纳入考虑；在商机层对企业的商机储备和渠道储备进行盘点。战略层、组织层和商机层的工作环环相扣、互相影响，共同决定着企业渠道业务战略目标的制定。渠道业务战略目标制定的三环模型如图 1-2 所示。

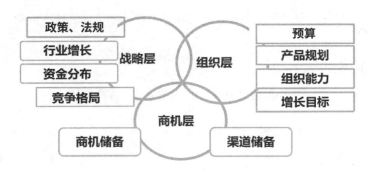

图 1-2　渠道业务战略目标制定的三环模型

业务目标的实现与否是渠道业务战略目标能否落地的重要考评指标，因此，业务目标制定的合理性、客观性和指导性至关重要。渠道业务目标需要根据市场情况、组织情况和商机储备情况进行综合考虑，其制定需要结合战略层对市场的判断、组织层对企业能力的评估和商机层的盘点进行，任何一环的思考缺位，都会直接影响渠道业务开展的战略目标的实现。

制定渠道业务战略目标，即绘制业务梦想地图，组织企业中的每一个人"按图索骥"，为实现梦想而努力。让梦想变为现实，并不是某一个个体或者部门可以凭一己之力做到的，需要调动组织的能动性，形成合力，客观地评估市场、认知自我、制定预支规则和奖惩原则，这是一套行动体系，而非独立的销售动作。

② 渠道业务战略目标制定的三环模型——战略层

如果把企业比作一列呼啸向前的列车，渠道业务的开展能否为这列列车带来动力，取决于企业的业务战略目标是否可以真正分解到渠道销售的行动计划中。

在战略层对市场情况进行精准的判断和把握，可以为企业高质量的渠道业务战略目标制定提供保障。这通常需要企业管理者对市场的政策环境、资金状况、竞品情况、增长空间做深入、客观的判断，并以此指导企业渠道业务战略目标的制定和组织的协同。有效且客观的行业分析、对政策和资金的精准判断，可以为企业的渠道销售工作带来事半功倍的效果。业务目标的制定来源于企业的商机积累，业务战略目标的制定则来源于企业管理者对行业和市场的精准判断。

实战微案例

小胜靠"兵卒"，大胜在"主将"

渠道销售小王就职于一家互联网教育科技企业。近几年，互联网教育行业经历了"洗牌"和重整，行业内很多企业的发展陷入困境。企业的日子不好过，销售的日子当然难。2020—2022年，是小王最迷茫的两年。小王曾说："我们企业的文化氛围特别好，可能和做教育工作有关系，大家都在坚持。虽然靠着不错的业务基础，还可以勉强度日，但是也时常感觉快坚持不下去了。"

就在整个企业缓缓陷入悲观情绪中时，企业创始人团队敏锐地捕捉到了直播App为行业带来的巨大发展机会。经过充分的战略调研和组织能力评估，企业创始人团队果断地决定放弃传统的服务推广方式，积极布局电商供应链渠道和分销渠道体系，与此同时，一轮一轮地在组织内做上下贯通的协同讨论和业务战略宣贯，配备人才激励制度。功夫不负有心人，企业快速跨过阵痛期，为迎接企业发展第二曲线打开了新的局面。

小王没想到，企业竟然熬过来了。他说，近一年来，企业的经营数据在慢慢地变好。俗话说："小胜靠兵卒，大胜在主将。"该企业这一年多的变化可以很好地印证这一俗语。

如果案例中小王所在的企业继续维持传统的推广模式，也许可以靠着团队合力生存下去，但是不仅会受到诸多限制，而且业务效率很难有突破空间。多亏企业创始人团队从战略角度出发，对市场、组织和人员进行了系统思考，并统一规划布局，才加强了上下同欲的组织协同，共渡难关，并重新占据了时代发展的先机。由此可见，对市场政策、行业增长和竞争格局进行精准判断，对于渠道业务战略目标的制定来说至关重要。

③ 渠道业务战略目标制定的三环模型——组织层

组织层是渠道业务战略目标制定的保障。渠道业务战略目标的制定，一定要将组织的预算情况、人力情况、激励情况和中后台协同情况纳入考虑范畴。预算决定了各部门有能力做什么和需要做什么，如果企业的费用支持不到位，业务目标是难以实现的。

实战微案例

想让马儿跑，得先给马儿添点草

渠道销售小张就职于一家系统集成企业。入职该企业不到一年，小张说，虽然在这里工作的时间不长，但是真的长见识了，该企业在制定新一年的渠道业务目标的时候，竟然在业务目标数据翻了一倍的情况下，降低了费用预算。销售团队特别不满，因为财务团队在制定成本管控策略时并没有真正地去了解业务开展的具体情况。更离谱的是，财务团队并不相信销售团队可以实现数据翻一倍的业务目标，为了防止业务目标没有实现但是业务成本大幅提高的情况出现，财务团队竟从财务指标出发设置了费用预算警戒线。

小张说："巧妇难为无米之炊，差旅费用和销售费用无法支持目标的实现，凭什么要求我们实现目标呢？我们根本不敢做事，因为做事就要花钱。销售是概率事件，谁能保证一出去就签个单子回来？不出去跑业务，即便无法实现业务目标，至少成本考核可以达标，因为不出去就不用花钱了。"

面对这种情况，小张表示，坚持了一年，真是坚持不下去了，难受，也太浪费时间了，估计到年底，业务数据不达标就会被辞退，等着拿笔赔偿金算了。

一般情况下，企业管理者要做好充分协调，确保费用控制部门结合实际业务情况和业务目标设置费用预算警戒线，一方面要保证销售效率合理，另一方面要支撑业务目标实现。反过来说，费用预算的增加，如果没有伴随业务目标的提升，也是不合理的。所以，制定业务目标的时候，要在组织层深入业务实际，给出科学合理的费用预算，结合费用预算管理机制，一方面有效地支撑业务开展，另一方面真正做到"把钱用在刀刃上"。

除了费用的协调，组织层还需要结合企业战略增长目标进行业务目标的辅助确定。如果商机层的储备情况无法满足企业战略增长目标的实现要求，那么，组织层要做好人员扩充或产品扩充的组织预案，确保企业的战略增长目标可以实现。

产品规划对于业务目标的实现的重要性是不言而喻的。产品战略的制定，以支撑业务目标的实现为前提。ToB企业的产品规划需要具有功能价值、创新价值和落地标签，并做好升级迭代规划，以保证渠道销售有用起来得心应手的工具去拓展市场，推动成交。很多优秀的渠道销售离职，是因为其销售能力已经无法解决产品匮乏导致的问题。

售前售后的保障力度，影响着业务目标实现的效率。在 ToB 业务中，售前售后服务协同体系需要有效支撑项目商机的落地和达成。尤其是售前支持，应该帮助渠道销售提升渠道客户的合作信心，打造好企业品牌产品的品质封装和落地封装。

④ 渠道业务战略目标制定的三环模型——商机层

在商机层对企业过往的商机储备和渠道储备进行盘点是渠道业务战略目标制定的基础。在渠道业务战略目标的制定过程中，对企业的商机储备和渠道储备进行从量到质的客观盘点和精细分析是至关重要的。

如果没有深入分析企业的商机储备和渠道储备就进行渠道业务战略目标制定，无异于建设一座空中楼阁，是没有实际意义的。事实上，这样制定渠道业务战略目标的企业并不少见。在 ToB 业务中，企业制定渠道业务战略目标时务必要以自身的商机储备和渠道储备为基础，结合过往 1~3 年的历史数据和增长率，以及渠道的过往交易情况、多渠道业务战略目标等，进行客观评估。

如果企业过往的能力积累和业务表现是"幼儿园"级别的水平，千万不要制定一个"博士生"级别的业务目标，这样做，业务目标不仅不会起到"方向标"的作用，还很有可能直接把"幼儿园"级别的渠道销售吓跑。

第四节
渠道业务目标实现的组织协同地图

明确渠道业务目标对于提高组织维度的分解效率来说是至关重要的。在渠道业务目标的实现过程中，渠道销售的能力和组织的协同效率直接影响商机的达成和落地效率。很多企业部门间的流程不畅，无法达成统一的话语体系，这背后往往不是人的问题，而是组织的协同和管控出了问题。组织管控权责不明确，组织协同就无法进入良性循环。

在渠道业务目标实现的过程中，如果把核心的协同岗位职能放入坐标模型进行分析，可以把纵向坐标划分为权责和分工（组织管控），把横向坐标划分为流程与协作（组织协同），形成渠道业务目标实现的组织协同地图，如图1-3所示。如此一来，可在组织层面形成以绩效管共识的组织地图，建立权责明确、效率为先的协同价值观。企业要通过日常绩效分解和使用协同工具对协同价值观进行不断强化，形成组织的自有惯性，使渠道销售真正以"为客户创造价值"为工作使命，而不是让这句话仅存在于企业的口号墙上。

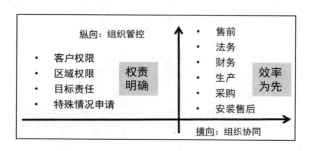

图1-3 渠道业务目标实现的组织协同地图

总的来说，在渠道业务目标制定的过程中，需要将渠道目标分解到组织的支持体系目标中去、融合到组织中各部门的有确定考核指向的绩效管理过程中去，确保在渠道业务目标的制定过程中，组织上权责明确、效率为先地为渠道业务目标的实现做好保障。

第五节 渠道销售的激励罗盘

渠道业务人才包括渠道销售人才、渠道售前售后人才、项目管理人才等和渠道业务目标的实现息息相关的人才。在 ToB 业务中，渠道售前售后等中后台人员及产品经理等相关人员对渠道销售的配合程度会直接决定渠道业务的开展效果和目标实现程度，因此，进行渠道业务人才的激励体系完善时，要对相关情况进行考虑。激励的目标是激发人才的自驱力，一个人人有自驱力的人才体系是具有巨大的目标实现爆发力的。企业的经营压力越大，越应该充分调动渠道销售的自驱力。

实战微案例

做销售，没有怕辛苦的，更多的是怕赚不到钱

渠道销售小周就职于一家乳制品企业，面对严峻的市场竞争形势和发展压力，公司提高了渠道销售的业务目标，但是提成政策没有变化。小周说："目标变高了，拿到提成的难度却变大了，这很不合理。"面对巨大的目标压力和并不与之匹配的预期回报，很多渠道销售选择了离开，留下的渠道销售则大部分抱着"破罐子破摔""大不了就不要提成了"的想法在工作。渐渐地，企业的业务进入目标越定越高，效益越来越差的恶性循环。

小周说："做销售，大家都不怕辛苦，就怕赚不到钱。我的老婆、孩子都在外地，赚不到钱，我心里很慌。"

后来，该乳制品企业修订了销售激励政策，根据大家的销售业绩，多劳多得。大家踏实了，企业的业绩也开始好转。

激发渠道销售的工作积极性，需要企业制定合理、有效的激励措施，"多干多得""奖优罚劣"，才更容易留住人才，并不断吸引新的人才。

① **激励的目标是激发人才的自驱力**

从渠道销售的角度看，渠道目标实现的根本保证是渠道销售的专业度强且工作动力足。人是一切可能性的创造者，人也是一切问题的源头。一个激情满满、动力十足的销售团队往往能为企业带来很多业绩惊喜，而一个销售动力不足、怨声载道、摇摆不定的销售团队不仅很难实现目标，甚至有可能葬送一个企业的未来。

渠道销售的激励并不是一个复杂的问题。常见案例中，企业往往会格外注重渠道销售的销售贡献，并在提成中给予反馈，这没有问题，但是渠道销售的动力体系是多维度的，主要的6个维度分别为绩效管理、薪酬体系、晋升机制、企业文化、培训体系和事业梦想，如图1-4所示。如果企业能在这6个维度都设置极具激励性的机制和流程管理制度，充分完善销售团队的动力体系，那么，这个销售团队将是一个动力十足、战斗力爆棚的团队。

图1-4 渠道销售的动力体系激励罗盘

② **渠道销售的绩效设计和管理**

在绩效管理体系中，渠道销售的绩效管理是最容易被忽视的。管理者常简单粗暴地用数据目标对渠道销售进行绩效管理，忽略数据目标制定过程中的沟通和绩效管理的流程，以至于出现给的激励已经足够多了，渠道销售还是动力不足的情况。渠道销售的绩效管理，不仅包含数据目标的制定，还包含动态的绩效管理，即在工作过程中针对市场、组织、产品和人员的实际情况对绩效进行管理，让渠道销售不断获取来自内外部的积极信息，有持续的动力去解决销售过程中的问题，不断优化销售方法和实现目标的行动计划。

实战微案例

企业是一口温水锅，煮着我们这些蹦跶不起来的青蛙

渠道销售小赵就职于一家教育信息化企业，他入职该企业只有5个月，但已经见证过很多比自己后入职的渠道销售离职了，有的渠道销售，同事们甚至都还不知道他叫什么，他就辞职了。小赵说，该企业渠道销售的流失率非常高，基本上半年就换一拨，也有一些在这里工作时间比较久的渠道销售，但基本上都是混日子的"销售老油条"，不求有功，但求无过。

小赵做过团队管理，他说，该企业的销售管理有几个致命的问题。

"其一是绩效机制不合理。"小赵说，"在行业同等薪酬水平的基础上，行业绩效比例通常为20%，而这里的绩效比例为30%；同行业提成多为成单项目的10%左右，而这里为2%左右。这里的绩效核心逻辑是什么呢？是实现任务目标后，超额的利润部分都给渠道销售，不设上限。这一条看起来不错，可是我们的任务目标是同行优秀渠道销售平均年业绩的两倍，比如，同行优秀渠道销售平均年业绩是300万元，这里的任务目标是600万元，达不到这个任务目标，超额绩效奖励部分自然是拿不到的。面对一个不可能实现的目标，我们能有什么盼头呢？既然大家都无法实现任务目标，拿不到超额绩效奖励，那索性就拿着固定薪资混日子，甚至有的渠道销售不愿意把单子拿回这里做。"

"其二是绩效管理和赋能缺位。"小赵说，"这里完全不对渠道销售做绩效管理和赋能。到了考核时间进行考核，核算绩效薪酬，就是所有的绩效相关工作。

我们在市场上遇到了问题，都需要依靠自己解决，企业没有设置任何机制进行赋能，这使我们非常没有安全感，感觉自己像是企业内的机器，企业随时有可能把我们'报废'、丢弃。"

"其三是绩效复盘机制缺失。"小赵说，"这里的绩效制度的制定和修订基本上是企业高层和人力部门在主导，业务部门根据市场情况反馈的一些声音大多被认为是业务人员的抱怨。如此一来，我们都不愿再反馈市场上的声音了，因为不仅没人听，对自己的绩效没有影响，还容易得罪人，慢慢地，就进入'温水煮青蛙'的状态了。"

"温水煮青蛙"型企业在市场上并不少见。这样的企业，没有生命力，人浮于事，其老板的心思往往比较浮躁，不在做事上。如果不思变，生产关系无法服务于生产力，这样的企业面对竞争和危机的时候会尤为脆弱，不堪一击。

③ 渠道销售的薪酬体系设计

渠道销售的薪酬体系设计，要对公平性有足够的重视。企业设计渠道销售的薪酬体系时，要"以成败论英雄"，实干派、业绩好的渠道销售应该拿到更多的薪酬，而潜力型渠道销售的高薪酬应该获得于目标实现之后。相对于中后台工作人员的薪酬体系设计，渠道销售的薪酬体系设计并不复杂，也很容易量化，以下几个原则需要关注并遵守。

（1）尽量不要处于行业末位水平

企业应该做好行业薪酬调研，如果渠道销售的固定薪酬水平达不到行业最优，应该尽量使固定薪酬水平在行业里处于中上游，并靠增加提成在业绩增量上给渠道销售多让一些利。

（2）有进有退，有赏有罚

销售是一个业务目标导向的工作。企业应该以年为周期，设置薪酬进退机制，即业绩好的涨薪，业绩不好的降薪；做得优秀的奖励，做得不好的惩罚，倡导形成向优秀人才看齐的销售文化。

对优秀的渠道销售进行奖励是激励的一部分，对无法达到要求的渠道销售进行惩罚是反向激励的一部分，两者都导向向优秀人才看齐，导向渠道组织能力的成长和提升。

（3）保证公平性

原则上讲，企业内，业绩好的渠道销售应该拿高阶工资，业绩不好的渠道销售应该拿低阶工资；新入职的渠道销售在没有业绩的时候，工资可以虚高，但是一旦产生业绩，就应该做相应的调整，确保渠道销售以实现目标为导向，建立合理的薪酬激励体系。当然，不同的行业有不同的特点，业绩的体现也不尽相同，可以是财务数据、渠道拓客，也可以是商机储备，总之，在同一个考评体系中，渠道销售应不问出身，按业绩进行薪酬获取。

实战微案例

不管黑猫白猫，抓到耗子才是好猫

渠道销售小郑是企业"销冠"，属于勤奋型销售。小郑业绩出众，无论是能力，还是人品，都得到了同事和客户的一致认可，但是，最近，小郑选择了离职，原因是一年前，企业新招了一批渠道销售，这些渠道销售多半有着大厂的工作经历，简历很漂亮，虽然来了一年，在业绩上始终不如小郑，但都拿着比小郑高的工资。小郑的工资不算低，但都是自己靠着业绩赚来的提成，毫无背景附加。

小郑认为，销售岗位应该英雄不问出身，出成绩才是能力的体现，光鲜亮丽的背景并不能创造真正的价值。当然，不能说大厂背景没有价值，但是这些出自大厂的渠道销售确实没有做出成绩。小郑说："俗话说得好，不管黑猫白猫，抓到耗子才是好猫。我们所在的是销售岗位，不是技能岗位，我创造的价值稳定地高于他们却没有他们赚得多，实在太不公平了。我无法说服自己，所以选择离开。"

案例中的小郑的心理并不是个例。公平是一个相对的概念，需要有一个参考对象，可以是同事，也可以是同行业其他企业的工作人员。公平是一种感受，有的时候，公平在于内心体验，而不在于客观事实。

④ 渠道销售的培训

培训，对于完善渠道销售的激励体系而言也很重要。销售体系中的新老更替需要经验传承，建设落地、有效的培训体系有利于销售团队整体能力的提升。优秀的团队对于人才有着天然的吸引力，所以，一定要重视培训体系建设。对于成长型、潜力型渠道销售给予单项激励，对于付出型渠道销售和善于带徒弟的优秀渠道销售给予额外的荣誉和奖励，有利于打造学习型、分享型企业文化。通常，针对渠道销售的培训应该有以下几种。

（1）新人培训

渠道销售入职后，必须参加从企业文化、产品、渠道赋能体系等维度入手组织的新人培训。很多企业推行"师徒制"培训，这是一个很好的"老带新"的培训方法，但是企业培养新人不能完全依赖师徒带教这种自发的、不规范的培训模式，应该有组织层统一的、高质量的培训。企业应该提供标准化定制、更新的新人培训工具，通过线上或者线下培训，帮助新人尽快了解企业的产品和服务，在心理上拉近和企业的产品、服务的距离，以及同事们之间的距离。

渠道销售和直客销售、TOC销售有一个比较明显的区别，即渠道销售格外珍惜自己的渠道资源，从某种意义上说，这是他们安身立命的根本。因此，在渠道销售初入企业，与企业互相了解的阶段，如果组织层能给他们关于企业和企业的产品、服务的积极、正向的培训，能够快速提升他们对企业的认可度，帮助他们尽快投入业务工作，贡献自己的价值，并提升渠道工作的效率。

（2）定期的产品、服务培训

企业应该定期组织产品、服务培训，同步企业周期性产品迭代和工具完善的情况。很多企业都存在沟通滞后的问题，即没有定期的产品、服务培训，企业的产品、服务已经迭代了，但渠道销售不知道，依然在向客户推销过时的产品、服务。

企业通过定期的产品、服务培训为渠道销售提供持续的支持，能够帮助渠道销售及时地更新产品内容信息、提升客户服务质量。

（3）销售知识培训

销售知识包括招投标知识、渠道拓展知识、客户服务知识等。培训不能流于形式，必须内容至上。培训者可以是企业内部人员，也可以是行业相关专家。

渠道销售的销售技巧是有章可循的，依托组织内部的复盘和相关市场研究机构的不断探索，定期组织高效、精准的销售知识培训可以打造学习型销售团队文化，提升渠道销售团队的整体作战能力。

（4）行业知识培训

行业知识培训，可以是定期的企业内部培训，也可以是不定期的行业多元化培训。在条件允许的情况下，企业应该组织渠道销售积极参加行业多元化培训。

行业知识培训可以采用线上和线下结合的培训方式。企业内部培训和外部学习相结合，可以帮助渠道销售拓宽行业视角，提升对客户的影响力。

⑤ 渠道销售的晋升机制

渠道销售拥有合理的晋升机制是非常重要的事。为优秀的渠道销售配备合理的晋升机制，有利于促使他们把自身的职业生涯发展规划融入企业的发展进程，进而提升企业销售团队的战斗能力和竞争能力。渠道销售的晋升机制设计是企业管理者必须关注的，常见的晋升维度如下。

（1）按层级划分

设置和薪酬直接挂钩的岗位层级，比如初级销售、中级销售、高级销售、资深销售。设置岗位层级时，应该同时对层级划分标准和执行周期做好说明，让渠道销售明确地知道自己的奋斗目标。

（2）按职能划分

按照岗位职能，可分为专业线销售和管理线销售。专业线销售如销售专家、资深销售专家；管理线销售如销售经理、销售总监、销售区域总经理、销售总经理、销售副总裁、销售总裁等。

⑥ 关注企业文化——激发人才内驱力的土壤

企业文化对渠道销售团队的影响很大。积极的企业文化，会造就积极、高效的渠道销售团队。企业的销售文化应该是以目标为导向，以协同为保障，以工具为支持，以权责定奖惩的。企业文化，在某种意义上可以影响渠道销售团队的稳定性和创造性，选拔、培养一位优秀的渠道销售需要很高的成本，那么，一位优秀的渠道销售的离开必然带来很大的损失。

⑦ 渠道销售的留人策略之事业留人

市场上有很多创业团队，核心创业成员短期内并没有很好的收入，但是凭借对共同的事业梦想的追求，他们动力十足、干劲满满，底层逻辑就是"事业留人"。

实战微案例

两年，我没拿过一分钱工资

渠道销售小肖就职于一家硬件创业公司，和创始人是"前同事"，创始人创业的时候把他"挖"了过来，继续做同事。小肖说："虽然他给了我一些股份，但是大家都知道，初创公司的股份是有很大风险的。我35岁了，来创业公司，主要是希望干点事业出来。"小肖在该创业公司工作的第一年基本上全年无休，全身心投入业务拓展。

小肖说："最难的时候，我工作了两年，没拿过一分钱工资。现在算是熬过来了，随着新技术浪潮的兴起，我们的项目有了很多机会。虽然未来还是困难重重，有时候也会担心，万一创业失败了，对不起家人的支持和理解，但是能有一次做事业的机会不容易，我会更努力。我已经把这次选择作为这辈子的事业了，能专注地拼上几年，也挺幸福的。"

《小王子》的作者圣·埃克苏佩里曾说："如果你想让人造一艘船，第一步不是雇人收集木头，也不是分配任务，而是激起大家对大海的向往。"这就是梦想的力量，只有拥有期待，才更容易激发内在动机，倾尽全力地向梦想前进。对于企业来说，把渠道销售团队的目标融入企业战略目标，让渠道销售团队真正地相信并接受企业的梦想，无论是对于企业短期目标的实现，还是对于企业长期发展的成功，都有非常重要的意义。

第六节 渠道业务战略会怎么开

渠道业务战略的讨论和确定，往往是通过渠道业务战略会完成的。目前，很多企业将渠道业务战略会开成了业务复盘会，无法达到最佳效果。那么，渠道业务战略会应该怎么开，需要包含哪些必备议题呢？

① 渠道业务战略会的参加人员

渠道业务战略会是以企业管理层为主导的会议，开会之前，应该做充分的渠道基层业务人员调研和核心客户调研，针对需要讨论的、和基础业务相关的话题进行信息收集。没有真实市场声音的渠道业务战略会是很难有理想效果的。

② 产品价值目标的制定

在渠道业务战略会上，应该对企业产品的差异化价值进行讨论和确认，具体包括企业产品的现有价值和规划中的迭代价值。在企业层面，渠道业务战略的目标制定需要基于企业的产品体系。

产品价值目标，除了功能目标，还有壁垒目标，包括时间壁垒、技术壁垒、专利壁垒、资源壁垒、价格壁垒等。把产品放在行业中进行壁垒描述，是产品价值目标制定过程中的重要工作。

③ 财务目标的制定

财务目标包括营收目标、毛利率目标和确认收入目标。财务目标制定需要基于企业的历史积累和历史数据情况、对行业发展的客观研判、对竞争格局的份额评估、对预算情况和组织能力的综合评估，全面地进行。

④ 渠道拓展目标的制定

企业需要在制定财务目标的同时制定渠道拓展目标，即在实现财务数据目标的基础上，确定渠道拓展层面的数据目标。制定渠道拓展目标的同时，企业需要制定支撑财务目标和渠道拓展目标实现的销售行动计划。

⑤ 组织目标的制定

在渠道业务战略会上，需要制定保证整体业务目标实现的组织目标，包括销售人才队伍建设优化目标、绩效激励体系目标、中后台人才队伍建设优化目标、绩效激励体系目标等。

根据所属行业和产品形态的不同，企业制定渠道业务目标时的思考维度不尽相同，但是在以上5个核心层面上，都需要进行系统、客观、可落地的思考。

第七节
案例——某新三板企业年度渠道业务战略会的开展

渠道业务战略是企业年度业务战略的重要组成部分,笔者曾作为咨询顾问,指导和参与了多家企业年度渠道业务战略会的组织和开展工作,见证了很多企业因为对渠道战略进行了精细化制定,得到了组织效率和业务效率的双重提升。

案例企业是新三板企业,人员体量为 200 多人,年度营收为 1 亿元左右,主营产品为企业培训类 SaaS(Software as a Service,即软件运营服务)软件及课程。案例企业通过开展年度渠道业务战略会,进行了渠道业务战略的重点复盘和制定。案例企业的核心画像信息见表 1-1。

表 1-1 案例企业核心画像信息

项目	情况
人员规模	200 多人
年营业额	1 亿元左右
销售模式	渠道为主,直客为辅
产品类型	企业培训类 SaaS 软件及课程
平均客单价(终端用户价)	100 万元左右
成立时间	超过 10 年
品牌影响力	行业中游偏上
产品市场占有率	行业中游
渠道价格体系竞争力	行业上游
发展阶段	稳定发展期

① 年度渠道业务战略会的意义

案例企业在上海,每年的渠道业务战略会都是异地团建型复盘和战略制定会的形式，各业务部门的负责人均会参加。一方面，企业希望大家在较为放松的环境中进行一年工作的复盘和次年渠道业务战略目标的制定；另一方面，企业是在通过这样的安排传达一个信息：年度渠道业务战略会不针对任何一个人、任何一个部门，只针对目标的实现，在目标实现面前，大家都是战友，只有实现目标，才有更好的激励兑现，大家才会一起变得更好。

在年度渠道业务战略会的通知文件中，除了讲清楚年度渠道业务战略会的时间、地点，案例企业还对战略会的定位做了交代：希望通过会议，让企业的行为具有实践支持意义，让渠道销售的努力具有组织意义，让企业的资源投入具有业务目标支持意义。

② 渠道业务年度复盘

在业务数据复盘之前，案例企业已经对所有渠道销售做过一轮匿名调研，调研结果公开给全员。业务负责人需要结合调研文件进行问题和经验的反馈和复盘，不允许自说自话，所有内容都必须基于助力业务数据达成所开展的业务。案例企业将业务开展的过程数据纳入考核体系，因此，复盘是业务负责人展示业务开展过程中的业绩的重要机会。案例企业之所以这样设置，是希望在渠道业务开展过程中不断积累优秀的业务经验，提升团队的整体作战能力。

渠道拓展数据复盘和销售数据复盘是年度复盘的重要组成部分。渠道拓展数据复盘包含对上一年度渠道拓展、签约、服务等情况的复盘，总结经验和教训。销售数据复盘主要为业务数据的完成情况复盘，若完成得较好，做经验复盘，若完成得不好，做教训复盘。数据复盘由渠道业务负责人完成，细化到各区域。

渠道业务负责人进行数据复盘时，要对行业情况、竞品情况做同步分析，并结合企业情况做优劣势对比，形成企业新一年业务制定的参考要点。

③ 客户分析复盘

客户分析复盘由渠道业务负责人完成，渠道业务负责人需要基于市场情况、竞品企业情况，对企业存量客户的需求进行分析，为挖掘年度渠道业务需求做准备。在客户分析复盘环节，渠道负责人必须结合所有渠道工作者的工作情况和反馈，探讨当前企业的渠道客户的交易情况和潜在交易情况，并明确如果要挖掘潜在商机，需要提升渠道销售团队和渠道协同团队的哪些能力。客户分析复盘核心要点的冰山模型如图1-5所示。

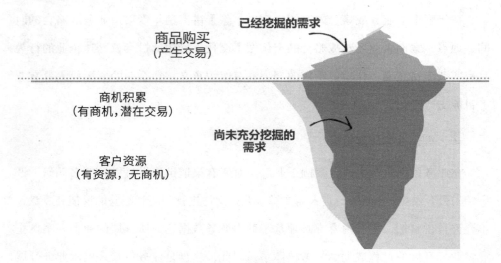

图 1-5　客户分析复盘核心要点的冰山模型

对渠道客户进行交易情况分析是至关重要的，完成高效的客户分析复盘，不仅可以为商机预测打好基础，还可以完善渠道客户画像，为渠道拓展提供更加精准的指导。

④ 产品、服务复盘

产品、服务复盘由产品、服务负责人完成，产品、服务负责人需要结合产品、服务的当前情况和规划进行产品、服务的价值提炼、价值迭代汇报，并用渠道销售看得懂的方式结合市场情况和竞品的产品、服务情况对企业的产品、服务价值进行提炼，同时，结合渠道销售的反馈进行次年产品、服务规划的核心要点同步。在产品、服务复盘环节，产品、服务负责人必须讲清楚当前企业产品、服务的优缺点，其和竞品对比的优势和劣势，以及优势的强化策略和劣势的迭代、规避策略。产品、服务复盘的核心要点如图 1-6 所示。

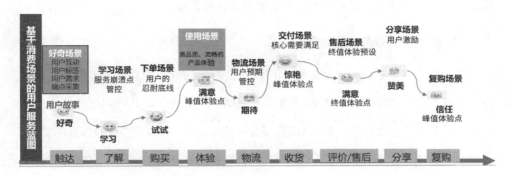

图 1-6　产品、服务复盘的核心要点

在产品、服务复盘环节，产品、服务负责人必须明确地对企业产品、服务的核心获客价值点，用户的使用场景，以及相关的培训场景、交易场景、交付场景、复购场景进行精准提炼，确保每一位渠道销售都对企业的产品、服务价值有着清楚的认知和判断。

⑤ **渠道销售激励情况复盘 / 组织协同复盘**

渠道销售的激励部分由人力资源负责人主导，人力资源负责人需要从本年度渠道销售的选育用留、绩效的制定和管理、离职率情况和离职原因分析、人员激励情况等维度入手，进行全面复盘。案例企业针对人力资源的重要考评举措是在人才模块做好组织支持和评估。

在人才模块，人力部门需要基于渠道销售人才的实际情况进行客观汇报。案例企业非常重视渠道销售人才，建立、健全了在行业里具有竞争力的激励体系。渠道业务的链接入口是渠道销售，因此，渠道销售对企业的认可度、对企业的产品和服务的认知度、对工作的动力强度会直接影响渠道客户对企业的判断。与此同时，渠道销售的质量和数量会直接影响企业的销售数据和渠道销售效率。

组织协同复盘，即各业务部门负责人一同回顾全年度出现的组织协同问题，针对其梳理、解决流程和结果进行复盘。组织协同复盘由各业务部门负责人完成，各业务部门负责人的汇报资料的定稿必须以和渠道销售（2~3名）进行过沟通为基础，不允许只以部门负责人视角为主要视角进行汇报。

⑥ 年度渠道业务战略制定

在年度渠道业务战略会中，各部门难免会有不同观点和立场，出现分歧时，企业管理层需要对处理问题的原则进行明确指示。案例企业处理问题的核心原则是一切以客户的需求为重，所有部门的动作都应该配合、助力渠道业务目标的实现。案例企业的体量并不大，因此强调杜绝一切业务开展过程中渠道客户服务和组织协同方面的慢动作、假动作。在年度渠道业务战略会中，案例企业管理层会通过统筹各部门负责人的复盘和规划，在统一的、向渠道销售需要看齐的原则的指导下，制定次年的业务战略，并将其分解到各部门的目标和行动计划中。

在年度渠道业务战略会中，需要完成对本年度业务战略的复盘和对次年业务战略的制定。在年度渠道业务战略的制定中，案例企业结合战略层和组织层的梳理，形成了在各部门复盘基础上的目标文件和目标分解文件。具体的复盘维度和相关文件如图1-7所示。

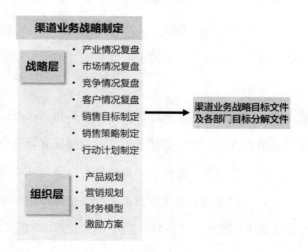

图1-7 年度渠道业务战略制定的复盘维度和相关文件

渠道业务战略的解码工作应该融入企业的整体战略解码工作，因为不能贯彻为组织目标的渠道业务目标是很难实现的、不能内化为行动计划和组织原则的"以业务目标为导向"的口号是无力的、不能融入渠道销售激励体系的渠道业务目标是不具备成为销售团队的动机的基础的。

案例企业通过一年扎扎实实的渠道工作，完成了企业的渠道网络布局，拥有了相对稳定的渠道合作种子客户。与此同时，在渠道赋能体系方面，案例企业形成了具有市场竞争力的综合性渠道赋能体系，渠道的组织服务能力得到提升。从年终战绩来看，案例企业实现了渠道业务的市场目标，完成了渠道交易闭环。

✏️ 本章教练助手

1

您所在的企业开过渠道业务战略会吗？

_____
_____
_____

> `Tips` 组织开展渠道业务战略会是渠道业务战略制定的重要方式。只有通过组织开展渠道业务战略会，管理层之间、管理层与基层业务人员之间、部门与部门之间达成充分的信息沟通，形成对目标和目标支撑体系的共识，企业才能够制定出客观、有效，既有目标性，又有落地性的渠道业务战略。

2

您了解您所在企业在行业中的竞争对手的渠道策略吗？哪家的渠道策略最好？

_____
_____
_____

> `Tips` 制定渠道业务战略需要对市场有充分、客观的认知和判断，其中，对竞争对手的了解尤为重要。

3

您觉得将哪些工作做得更好，可以提升您所在企业完成渠道业务目标的可能性？

_____
_____
_____

> **Tips** 在 ToB 业务中，每家企业在渠道业务战略的制定和执行层面都有自己的优点和缺点，发扬优点、弥补缺点，往往可以起到事半功倍的效果。

4

您觉得您所在企业的渠道销售是干劲儿十足的吗？为什么？

_____
_____
_____

> **Tips** 观察企业中的渠道销售是否有干劲儿和自驱力，往往就可以评估该企业的渠道销售激励体系是不是完善。渠道销售的干劲儿和自驱力的强弱是判断企业的激励体系是否合理的依据，如果大家干劲儿十足，说明激励体系是合理、有效的，反之，激励体系大概率是低效的，甚至是失效的。

第二章 渠道力建设的三角场

一支能打胜仗的团队,需要从认知到执行高度同频、上下同欲,即团队需要接受、认可同一套思考体系。渠道力,本质上是一种影响力,渠道力的建设不仅能够为企业带来业务量增长,更能够为企业打造一条坚固的"护城河",提升企业的行业影响力。如何通过渠道力建设提升企业在市场上的影响力呢?本章来讨论与之相关的问题。

渠道力,指渠道链接产品和用户的能力,表现为产品型企业触达和影响用户的广度和深度。一家企业,能够通过渠道销售多少产品、提供多少服务,根本上取决于企业的渠道力有多强。渠道力的建设和强化是企业的系统性工作,在这个工作下沉到销售执行团队之前,企业需要在业务战略层面形成系统性的业务规划和服务策略。

第一节 渠道力建设三角场

渠道力建设的 3 个核心是渠道拓展、渠道赋能和渠道成交，只有三者形成稳定的三角场，才能支撑企业渠道力持久、稳定、高效的存在。在渠道业务开展的不同场景中，企业需要不断优化符合行业发展趋势、组织能力基础和自身产品推广策略的工作方法，保证渠道业务能够实现相应的工作目标，且助力企业渠道力建设三角场的稳定、良性运转。渠道力建设的三角场模型如图 2-1 所示。

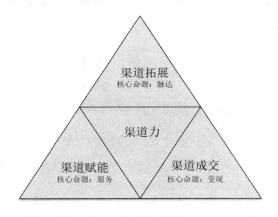

图 2-1　渠道力建设的三角场模型

① 渠道拓展场

从渠道拓展的角度说，渠道触达的广度和深度是渠道力建设的基础和源头。最大程度地稳定拓展新渠道并提升新老渠道的拓展深度是各项渠道工作的基础，这决定了渠道销售应该持续、扎实地做好渠道拓展工作。在 ToB 业务中，如果一名渠道销售一周都没有拓展新的渠道，可以说他当周的工作是不合格的，因为渠道拓展是渠道销售日常工作的重要组成部分。渠道销售管理者常要求渠道销售定期拜访陌生客户、每周进行定量的电话拜访等，这些都是基本的渠道拓展方法。随着信息传播工具和方式的不断优化，渠道拓展的方法也在不断增加。本质上讲，完成渠道拓展，需要在渠道拓展场创造足够充沛和稳定的渠道流量。

渠道拓展场是渠道业务工作的基础和源头，渠道销售管理者需要根据企业的发展阶段和渠道业务战略目标，对渠道拓展的数量、质量和多元化拓展方式进行持续、深入的优化、探索。

② 渠道赋能场

渠道赋能是渠道力建设的动力环节，能否激发渠道商的合作意愿和合作动力，取决于这个环节的工作是否扎实。在各赋能场景中，企业和渠道工作者能否给渠道足够的支持、能否满足渠道商的需求，会直接决定潜在渠道客户能否转化为企业的渠道客户。渠道赋能环节直接考验渠道工作者对企业产品和服务的价值的提炼、传播和影响能力。对渠道层次和渠道需求进行识别、对渠道进行影响力建设、对渠道的商机进行认知和把握，都是在渠道赋能场中完成的。

渠道赋能是渠道工作的关键环节。很多企业管理者想不通，企业的渠道客户在当地的资源能力还可以，为什么没有主动性呢？做了很多渠道推动工作，为什么达不到预期效果呢？通常情况下，这些问题都是渠道赋能场需要面对和解决的。渠道客户有较好的资源实力和服务能力，如何通过渠道赋能，提升他们的主动性和成单效率，是企业需要从渠道赋能场入手进行统一部署和安排的。通过渠道赋能场，渠道销售需要将企业的赋能政策有效地传达给渠道客户，并通过商务沟通和谈判，将渠道客户的个性化需求反馈给企业，在组织层面进行赋能和评估。渠道赋能不仅是渠道销售的重要工作，也是企业需要重点锤炼和迭代的渠道工作。

③ 渠道成交场

渠道成交场是渠道商机变现的场景，渠道成交是渠道工作的阶段性目标。渠道工作服务于渠道成交，渠道成交是衡量渠道工作的效率和成果的核心指标。渠道成交场复杂多变、险象环生，在这个场景中，渠道销售要在企业的支持和赋能下，助力渠道客户搞定钱、搞定用户、搞定竞品、搞定流程。渠道力建设的闭环场景是成交场景，渠道客户和渠道销售共同构建了能良性互动的成交场景，企业的渠道力才会得到闭环状态下的良性循环。

在渠道工作中，渠道力建设的三角场缺一不可，任何一个场景的核心工作没有做到位，都不算是完成渠道工作闭环。

渠道成交场是检验渠道工作的效率和成果的重要场景。在渠道成交场中，应该重点关注行业竞争和客情竞争。项目和商机到了渠道成交场，就进入了行业竞争的关键环节，在这个环节丢单的渠道销售很多，甚至可以说，ToB 企业的渠道销售，很少有没在这个环节丢过单的。设置合理的价格体系、巩固好客情并辅助客户巩固好对用户的客情管理、签订互利共赢的协议等举措，对提高渠道成交效率有着重要意义。

第二节
渠道业务的相关主体

渠道业务涉及企业（厂商）、渠道商（包括分销商和经销商）、用户（付费方）。企业需要根据自身业务情况和品牌影响力制定渠道政策。通常，产品市场占有率越低、品牌影响力越小的企业越倾向于选择直接渠道模式，即和分销商一起拓展市场，提升产品覆盖率和品牌影响力；产品市场占有率越高、品牌影响力越大的企业越倾向于选择多级渠道模式，即通过直接渠道（分销商）拓展多级渠道，触达和服务用户。渠道业务的相关主体如图2-2所示。

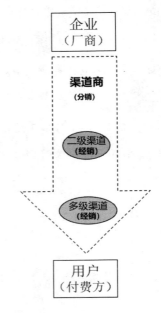

图2-2 渠道业务的相关主体

通常情况下，企业越成熟，渠道层次越明晰，企业和渠道的合作方式越稳定；企业越稚嫩，渠道层次越模糊，企业和渠道的合作方式越灵活。

① 企业的发展阶段和渠道策略

不同发展阶段、不同形态的企业，渠道体系建设的核心工作和路径是不同的。从发展阶段角度看，通常可以将企业分为初创企业、成熟企业和头部企业。

不同发展阶段的企业，品牌和产品可以影响的渠道量级和渠道触达范围是有差别的，因此，不同发展阶段的企业应该寻找和自己的企业品牌实力相当、对市场的期待一致的渠道合作。在不同发展阶段的企业与渠道客户的合作过程中，渠道客户发挥的作用是不同的。是否有匹配的市场资源，是企业选择渠道客户的首要判断标准，针对不同的渠道，企业需要制定不同的合作策略。

② 渠道的层次和类别

在渠道工作中，企业需要根据自身的产品特点和服务特点，不断完善自己的渠道画像。不同发展阶段的企业对渠道的影响力是不同的，企业需要选择和自己的实力匹配的渠道进行合作，而不是盲目选择最强的渠道进行合作。反之，渠道也会选择和自己的实力匹配的企业进行合作。因此，在渠道工作开展之前，企业根据自己的特点和发展阶段找到"门当户对"的渠道客户是非常重要的事。根据产品和服务的市场占有率、品牌影响力对渠道进行类别划分，划分结果如图2-3所示。

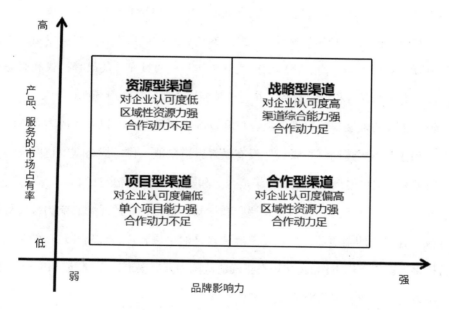

图 2-3 渠道类别

根据产品和服务的市场占有率、品牌影响力的不同，可以将渠道划分为项目型渠道、资源型渠道、战略型渠道和合作型渠道。项目型渠道、资源型渠道和企业合作的层级较低，不涉及更多层次的经销体系；战略型渠道、合作型渠道通常会与企业有更长的合作链路，涉及多层级的渠道分销和经销体系。

对企业来说，若产品和服务的市场占有率较低，且品牌影响力较弱，是很难影响合作型渠道和战略型渠道的，而产品和服务的市场占有率较高且品牌影响力较强的企业通常不会直接面对项目型渠道和资源型渠道。企业的渠道工作，就是根据自身的市场占有率和品牌影响力找到适合自己的渠道，与之进行高效的合作。

如此看来，初创企业需要更多地寻找项目型渠道商和资源型渠道商，这样做，成功率较高——初创企业一般不会过于强势，会让渡更多的利益给渠道商，而这往往是项目型渠道商和资源型渠道商的核心诉求。发展中企业则需要更多地寻找资源型渠道商和合作型渠道商，争取战略型渠道商，因为发展中企业有较为成熟的市场占有率，品牌影响力也在不断加强，要知道，较有竞争力的渠道利益分配机制和快速提高的企业实力是渠道合作的原动力。成熟企业有较强的品牌知名度，且产品和服务的市场占有率较高，在渠道的选择上话语权更大，也可以更强势，通常适合与战略型渠道商、合作型渠道商合作——通过充分的品牌授权和服务为渠道提供更多的背书和资源支持，并通过赋能核心渠道扩大市场占有率。

随着企业的发展，项目型渠道客户和资源型渠道客户可以发展成为合作型渠道客户和战略型渠道商。如果企业没有做好渠道赋能工作，战略型渠道客户和合作型渠道客户也可能倒退为项目型渠道客户和资源型渠道客户。

渠道销售应基于对企业的客观评定和认知，根据企业的品牌影响力和发展阶段寻找适合自己的渠道商，并将其发展为自己的渠道客户，过高和过低的渠道业务目标都会影响渠道工作的效率。在正确的范围内开展渠道拓展、赋能和成交工作，往往可以建立比较稳定的渠道合作体系。

③ 渠道客户和用户的界定

渠道客户和用户是不同的，渠道销售必须厘清渠道客户和用户的区别。在渠道工作中，很多渠道销售将渠道客户和用户混为一谈。将渠道客户和用户界定准确，才能够更高效地开展渠道工作。面对渠道客户，要强调商业价值逻辑，面对用户，则要强调产品价值逻辑。

通常，渠道客户是和企业一起赚钱的，有利益合作诉求，渠道客户不是出资方；作为产品使用方的用户，则是直接或者间接的出资方（直接的出资方是指用户直接规划资金，通过渠道采购企业的产品或服务；间接的出资方是指用户通过影响第三方进行出资采购企业的产品或服务）。

在渠道业务中，有时还有一个重要的主体，即生态合作伙伴。和企业一起持续赚钱的是渠道客户，不和企业一起赚钱，但是可以影响商机达成的是生态合作伙伴，生态合作伙伴和渠道客户有一定程度的重合。渠道合作是商业模式的重要一环，而生态合作是战略合作的重要一环。只有对渠道客户、用户、生态合作伙伴进行了明确界定，才能够更加精准地知道钱在哪里、和谁一起赚钱、赚谁的钱，明确如何有的放矢地完成相关渠道工作。

第三节 渠道工作的金字塔原理

如何根据渠道力建设三角场模型开展渠道工作，构建企业渠道力呢？渠道力建设，需要通过一步一步、稳扎稳打的渠道工作，完成不同场景内的重点工作任务。首先，在渠道拓展场，通过使用营销和渠道拓展工具进行渠道数量和质量的拓展；其次，通过组织层面的系统的渠道赋能，让渠道客户获得继续合作的商业动机和情绪动机，并在与企业合作的过程中有获得感和安全感；最后，通过完成渠道成交场的工作任务，促使渠道客户和企业达成交易，获得共赢，使企业获得商机价值和渠道价值。渠道工作的金字塔原理如图2-4所示。

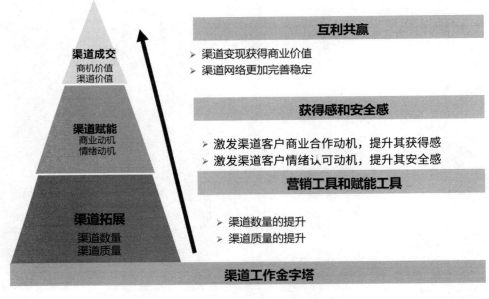

图2-4 渠道工作的金字塔原理

以渠道数量和质量提升为目标的渠道拓展工作、以商业动机和情绪动机建设为目标的渠道赋能工作、以商机价值和渠道价值变现为目标的渠道成交工作是本书最为关注的渠道工作中的核心工作。

① 营销工具和赋能工具

在渠道拓展场中,即在渠道工作金字塔的底座建设过程中,最重要的是营销工具和赋能工具的使用和优化。营销工具是企业统一安排部署的、由渠道销售完成的营销举措,用以提升渠道触达的广度和深度。在 ToB 业务中,常见的企业级营销工具有会销、广告投放、内容营销、折扣活动等。

会销的"会"包括峰会、展会、沙龙、行业交流会、渠道合作会、招商会、品牌活动、促销活动等,以线下活动为主。近年来,随着信息技术的发展,线上会销也开始发挥越来越重要的作用。在 ToB 业务中,会销是相对传统,但是具体的组织形式在不断地发展和创新的渠道拓展方式,也是较为成熟的、企业通常会定期使用的渠道拓展手段。

广告投放以在搜索引擎上投放信息流为主,包括活动赞助、电视节目赞助、新媒体投放、短视频平台投放等。广告投放的主要目的是扩大企业品牌的触达范围,增加渠道获取路径,是常见的企业营销方式之一。

近年来,内容营销常给市场带来惊喜,在渠道拓展场,内容营销,尤其是创意内容营销和营销创新,往往有"出奇制胜"的效果。对此,企业应该加强创意内容营销和营销创新,在常态化进行内容营销的同时,创造品牌破圈的效果,提升渠道拓展的效率。

折扣活动,多为企业针对特定时间、地点、策划、组织的促销活动,为渠道销售提供较好的渠道客户拓展工具,提升渠道拓展的效率。折扣活动是常见的渠道拓展方式,也是效果比较稳定的渠道拓展方式。面对新市场的渠道拓展任务,可以考虑多使用折扣活动方式。

② 获得感和安全感

在渠道赋能工作中,具体的赋能方式和工具是多元的。在赋能场景中,最重要的渠道赋能目标是提升渠道客户的获得感和安全感。

所谓提升渠道客户的获得感，在渠道业务实践中，就是通过渠道销售和企业的赋能体系，激发渠道客户的商业合作动机，让渠道客户产生"有利可图"的确认感。无论是新拓展的渠道客户，还是长期合作的渠道客户，渠道销售都需要特别关注他们的真实诉求，让渠道客户可以明显地感觉到合作是"有利可图"的、是"回报大于付出"的、是"事半功倍"的。让渠道客户感觉有利可图，进而产生商业合作动机，这是渠道赋能的根本目标。渠道客户的获得感是否强烈，不仅受企业赋能政策的影响，还受同行业同类企业的渠道政策的影响。通常，优质的渠道商在选择合作企业时，会进行行业调研，最主要的是了解和调研行业内各企业的利益机制和品牌口碑。因此，企业在制定渠道政策的阶段，就应该结合企业内部情况和行业情况，对渠道赋能机制进行设计。

所谓提升渠道客户的安全感，在渠道业务实践中，就是使渠道客户对企业产生情感认同，这主要受企业品牌可以给予渠道客户的信心程度的影响，同时也受渠道销售工作专业度的影响。品牌和口碑的建设基于企业的销售文化，是一个持续建设的过程。渠道安全感的核心是渠道客户可以确认在和企业合作的过程中，自己的利益不会被企业剥夺。有一家企业，在细分赛道上的品牌陈述度和用户知名度均处于行业前列，但是在渠道市场上口碑极差，主要是因为其渠道销售给渠道客户做承诺时不够严谨，屡屡推翻给渠道客户的各种承诺，与此同时，该企业并没有对渠道客户的商业项目信息进行组织层面上的有效保护，造成有些渠道客户的客户信息和项目信息被该企业渠道销售获取并直接跟进，损害了渠道客户的根本利益。这就是渠道客户安全感缺失导致企业在渠道市场上口碑受损的典型案例。

③ 互利共赢

持久的合作需要以"互利共赢"为前提，在渠道成交场，最核心的诉求是达到互利共赢的状态。互利，不仅指互相获利，也指彼此付出；共赢，不仅包括合作成单，也包括彼此的目标均得以实现。

渠道成交需要以互利共赢为根本原则和最终目标，在成交阶段，所有工作都应该围绕这一点逐步落实。互利共赢不是简单的合作理念，而是达成成交最核心的指导原则。在渠道业务实践中，经常有企业和合作伙伴做一锤子买卖，或者虎头蛇尾地工作，抑或是频繁撬单，这都是违背互利共赢这一根本原则的行为。互利共赢，不仅应该是企业的外部合作原则，也应该是企业的内部协同原则，部门之间以达成成交为目标形成合力，才能一起推动企业更好地发展。

第四节
渠道力建设的常见问题

在渠道力建设过程中，不同发展阶段的企业面对的问题是不同的。不管企业在哪一发展阶段，或者哪一细分赛道，在渠道力建设过程中，都应该根据企业的自身情况，围绕渠道拓展场、渠道赋能场和渠道成交场，进行有主次、有节奏的工作推动。有主次、有节奏，即在渠道力建设过程中，对渠道工作的重点进行企业层面的统一部署、指导，渠道销售先和组织达成统一的目标认知，再按照各自负责的渠道客户的特点进行常规性工作的相关计划和安排。企业在不同发展阶段面对的核心问题如图 2-5 所示。

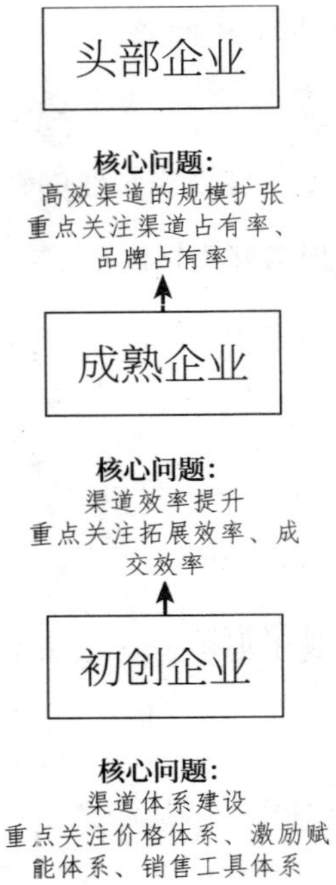

头部企业

核心问题：
高效渠道的规模扩张
重点关注渠道占有率、品牌占有率

成熟企业

核心问题：
渠道效率提升
重点关注拓展效率、成交效率

初创企业

核心问题：
渠道体系建设
重点关注价格体系、激励赋能体系、销售工具体系

图 2-5 不同发展阶段的企业面对的核心问题

① 初创企业面对的核心问题：渠道体系建设

本书中的初创企业为人员规模在 200 人以内，年营收额在 1 亿元以内的 ToB 企业。ToB 企业必须在初创期打好渠道建设基础，即已经在企业内部针对渠道体系建设达成共识并宣贯完毕，且完成了从拓展到交易的渠道工作相关工具的闭环测试，形成了较为清晰的渠道客户画像。ToB 业务和 TOC 业务不同，通常，TOC 业务中，不管是产品层面的销售工具，还是商业层面的销售工具（价格体系、销售策略、销售服务等），都可以做闭环测试，而在 ToB 业务中，产品层面的销售工具可以做客户调研和用户调研，商业层面的销售工具则很少做客户调研和用户

调研。究其原因，一方面，销售工具的调研对象是渠道客户，在渠道客户资源很宝贵的情况下，企业应尽可能保证将团队很自信的方案拿到渠道客户面前，而不是拿着半成品征询渠道客户的意见；另一方面，渠道客户给出的调研反馈往往是不真实的，因为不同的渠道客户对企业政策的认知能力不同，且他们往往不会直接、客观地表达对最核心的价格体系的真实想法，因此，这种调研往往达不到预期效果。渠道体系建设，应该基于企业的内部情况和行业情况进行，可以在探索中修订相关制度，但最好不要在探索中制定相关制度。

渠道体系中的核心内容是价格体系、激励赋能体系和销售工具体系。价格体系应该根据企业的成本测算、毛利率要求、竞争策略等信息进行综合衡量后设计，可以根据省份、渠道层级的不同，设置价格层次。激励赋能体系应该结合企业的品牌发展规划、生态合作营销规划和组织能力情况进行设计。销售工具体系中的工具主要是渠道销售在和渠道客户进行沟通时必备的企业产品介绍、行业情况介绍、赋能核心政策等售前工具/材料。

② 成熟企业面对的核心问题：渠道效率提升

本书中的成熟企业为人员规模在 200 人以上且在 10000 人以内，年营业额为 1 亿元至 10 亿元的 ToB 企业。成熟企业已经有了一定的市场影响力和渠道竞争力，因此应该更多地思考如何提升渠道效率，其面对的核心问题是如何提升渠道的拓展效率和成交效率。

成熟企业大多已经对企业的渠道打法有了相对明确的认识，重点应关注如何在渠道拓展端更精准、更高效地找到最合适的渠道，提升渠道成交场的成单概率和成单频率。与此同时，成熟企业要努力通过组织能力的提升，辅助渠道客户提升工作效率，和企业一起成长。成熟企业的发展速度，很大程度上取决于渠道效率的提升速度，以及可以辅助渠道效率提升的组织能力的成长速度。

③ 头部企业面对的核心问题：高效渠道的规模扩张

本书中的头部企业为在细分赛道中有行业影响力的企业，通常，这类企业的产品和服务的市场占有率也相对较高。对于这类企业而言，高效渠道的规模扩张是需要面对的核心问题。高效渠道的规模扩张，包括渠道数量的规模扩张，以及核心渠道成交规模的扩张，与此同时，自建渠道、市场合作渠道、产品合作渠道等多元化的高效渠道体系建设也可纳入其考虑范畴。

对于头部企业来说，渠道网络已经相对稳固，渠道客户的层次和画像也已经相对明晰，如何在高效渠道规模扩张的基础上提高市场占有率、提高品牌变现能力等是其需要面对的重要子问题。

企业进入头部行列，意味着已经拥有了很强的渠道壁垒，此时需要思考的是渠道政策和体系的不断优化、迭代，促使渠道整体产能和成交效率的提升。与此同时，企业要保证自己的组织能力不断提升，以支持渠道体系的顺利运转和升级。行业头部企业选择渠道商的主动性和渠道成交的成功概率一般会高于行业平均水平，在不断进行高效渠道规模扩张的同时，头部企业要特别关注两个方面的工作，一是要继续拓展高效渠道，二是要更好地提升赋能体系，携手渠道客户一起发展，共享事业平台。

第五节
案例——某创业企业渠道力三角场建设案例

案例企业是一家做教育信息化 SaaS 软件的企业,主营产品是教学评价软件。案例企业专注于提供基础教育领域的先进教育教学综合解决方案与教育大数据综合解决方案,其产品(解决方案)融合了国内顶级高校的附属学校的素质教育经验和提高学生成绩的优秀教学经验。

企业产品(解决方案)经历了 5 年的研发和打磨,目标是通过渠道推广,服务学校用户。案例企业的核心任务是制定企业的渠道建设策略,形成与企业发展阶段、市场情况一致的渠道力三角场。案例企业的核心画像信息见表 2-1。

表 2-1 案例企业核心画像信息

项目	情况
人员规模	50 多人
年营业额	3000 多万元(创业过程中直客贡献)
销售模式	渠道为主,直客为辅
产品类型	教育信息化 SaaS 软件
平均客单价(终端用户价)	50 万元左右
成立时间	超过 5 年
品牌影响力	行业中游
产品市场占有率	行业下游
渠道价格体系竞争力	行业下游
发展阶段	创业上升期

① 渠道拓展场

在渠道拓展场中,案例企业对自身业务现状进行了深入、客观的分析定位。

案例企业有一定的品牌影响力，但是产品的市场占有率较低，应该聚焦发展项目型渠道和资源型渠道，在重点市场区域，可以努力发展合作型渠道和战略型渠道。案例企业希望在一年内搭建起企业渠道网络，着力提高渠道客户数量，目标是在全国各省市发展大量项目型渠道和资源型渠道，并从这些项目型渠道和资源型渠道中发展5家左右合作型渠道（进入分销体系的渠道商，获得价格和区域保护）、发展1~3家战略型渠道（核心分销渠道商，具有竞争力强的价格和区域保护）。

确定渠道拓展的定位和目标后，案例企业对渠道拓展工作进行了分解。

第一步，按照企业的业务目标、利润率要求，结合竞品调研，确定企业的分层级渠道价格体系。

第二步，根据价格体系和市场分析，确定企业的渠道画像。

第三步，通过组织营销活动（教学培训、教研培训、论坛、区域沙龙）、使用营销工具（新媒体、线下拜访）等，进行用户触达，并在重点区域建设案例样板间，强化媒体宣传，开展区域特色市场活动，进行渠道触达。

第四步，通过组织协同，提升渠道商的合作信心，使之成为企业的渠道客户。

② 渠道赋能场

将渠道拓展工作分解为较为明确的目标和动作后，进入渠道赋能场。在渠道战略制定之初，案例企业从高层到基层，已经将全力服务渠道作为共识，在赋能体系的设计中极尽诚意，从商业利益承诺到品牌赋能，给了潜在渠道客户莫大的信心和合作动力。在合理控制渠道赋能的节奏和切实关注、满足渠道客户的需求方面，案例企业都做到了有约定、有执行、有兑现，在渠道拓展工作开展的第一个季度，案例企业就和目标渠道客户谈妥了项目机会，打造了成功的渠道合作案例。

③ 渠道成交场

渠道拓展和渠道赋能稳定后，案例企业不断结合渠道业务的实际情况修正、提升渠道赋能体验，在渠道工作开展的第二个季度进入了渠道成交场。在渠道成交场中，案例企业要求渠道工作者从销售环节到售后环节，全面保证渠道客户的最优体验，不仅在财务风险可控的基础上对渠道客户进行全面支持，还辅助渠道客户获得商业利益兑现，与渠道客户形成共赢和真正的利益绑定。与此同时，案例企业对大量的未合作渠道进行了渠道价值评估，对被高估的渠道进行预期调整和层级调整，对被低估的渠道进行升级和赋能，从而明确了渠道价值。

经过一年的时间，案例企业完成了渠道拓展的数量目标和质量目标，与此同时，完善和检验了渠道赋能体系和组织协同机制，达成了渠道成交，实现了商业变现和渠道价值积累。

渠道力建设是有节奏、有层次、有规章的工作，企业应该扎扎实实地练好基本功，不要盲目地奔向市场，不要过于追求完美，也不要故步自封，只要坚持以企业的真实情况为出发点，做最客观的自我能力评估，制定合理的渠道建设策略，并在发展中不断修正，一定能持续提升企业的渠道力。

本章教练助手

1

您所在企业的渠道客户拓展的核心信息来源是什么?

_____
_____
_____

Tips 通常,固定赛道的渠道客户拓展的核心信息来源是相对固定的,企业需要时常对渠道工作者的日常渠道拓展工作进行复盘,总结出优质的渠道客户拓展的信息来源,进行组织层面的培训,以避免渠道工作者各自为战,频繁内耗。

2

您所在企业的渠道赋能体系和竞争对手企业的渠道赋能体系相比,优势是什么?不足是什么?

_____
_____
_____

Tips 知己知彼,方能百战不殆。在ToB业务中,通常,只要比竞争对手企业做得好,就具备了行业优势。企业需要确保渠道工作者明确地知道本企业的竞争优势和不足,此为"知己",与此同时,要帮助渠道工作者客观、明确地了解竞争对手企业的竞争优势和不足,此为"知彼"。只有做到知己知彼,才能够在竞争活动中有合理的应对之策。

3

您所在企业的渠道业务成交额是在逐年提升吗？

_____
_____
_____

> **Tips** 渠道的拓展、赋能以成交为目标，企业需要使用渠道力建设三角场模型进行渠道成交工作的复盘分析，使得渠道拓展、渠道赋能和渠道成交形成良性循环，避免出现渠道拓展和渠道赋能效率低下，无法真正服务于渠道成交的情况。

第三章

渠道运营之道——渠道的"选育用留"

世界的运行自有规律,若出错,错误的往往是我们的认知和方法。渠道运营中很多问题的出现,是因为企业内部没有对企业运营的常识形成正确的认知并付诸行动。如果把渠道客户看作企业的外部合伙人,那么,渠道的运营管理和企业的人才管理的逻辑是相通的。如何进行有效的渠道运营呢?本章从渠道的选、育、用、留4个维度入手进行讨论。

第一节 渠道的选择

根据渠道层级进行划分，企业的渠道分为多层级渠道和少层级渠道。多层级渠道指企业的渠道客户中有多层级的渠道分销商和渠道经销商，即企业的渠道销售可以直接触达多层级分销型渠道客户和经销型渠道客户。针对不同层级的渠道客户，企业需要使用不同层次的渠道策略与之进行日常合作并进行合理管理，有多层级的渠道客户，合作相对比较灵活，建立合作和解除合作时企业需要面对的要求和束缚相对较少。少层级渠道则指企业的渠道体系层次比较少，即企业只和高层级的分销型渠道客户进行合作，由他们代表企业对特定市场进行开发，企业只需要对有限的渠道客户进行充分的赋能和支持，通常，这类合作比较稳定，建立合作和解除合作时企业需要面对的要求和束缚相对较多。

根据同一层级的渠道客户的数量进行划分，企业渠道通常分为独家型渠道和选择型渠道。独家型渠道，即在同一层级，在某一特定区域或者行业方向，企业只和一家渠道客户合作，通过支持这家渠道客户进行市场的拓展和经销商的挖掘、服务；选择型渠道，即在同一层级，在某一特定区域或者行业方向，企业和多家渠道客户合作进行市场的拓展和经销商的挖掘、服务。选择型渠道中还有一种独特的合作方式，即布局为密集型渠道——企业在同一渠道层级和尽可能多的渠道客户合作进行市场的拓展和经销商的挖掘、服务。本节聚焦常见的类型：独家型渠道和选择型渠道。

了解了常见的渠道类型后，我们应该如何进行渠道选择呢？

① 渠道内部信息收集及验证

对渠道的市场能力进行评估是企业进行渠道选择的前提。总体来讲，评估渠道的市场能力水平，需要结合渠道的市场拓展能力、用户服务能力和成交能力等维度进行。对渠道的市场能力评估不足是渠道销售在渠道工作实务中常见的问题，如果选择了一个善于包装却不具备实际市场能力的渠道，对于企业来说，损失的是企业的赋能资源和市场先机。在做渠道选择的过程中，对渠道的市场能力进行评估，通常以对渠道进行内部信息收集及验证为主要方式。常见的渠道信息收集维度见表3-1。

表 3-1　渠道信息收集表

申请日期：＿＿＿年＿＿＿月＿＿＿日

1. 代理信息				
公司名称		公司性质		
公司地址		所属区域		
注册资金（万元）		注册地址		
联系人		联系电话		
传真		E-mail		
2. 合作方式	□区域（行业）独家		□区域（行业）非独家	
3. 通过哪种渠道建立意向				
□官网	□客服		□其他代理商介绍（如有，请填写代理商名称）	
□公司内部销售人员推荐＿＿＿＿＿		□其他		
4. 代理相关资质				
计划精力投入	□完全自经营　　□与他人合作经营　　□投资型（由他人经营）			
计划资金投入（年）	□10万以下　□10万~20万元　□20万~50万元　□50万~100万元　□100万~200万元　□200万以上			
计划收入（年）	□10万以下　□10万~20万元　□20万~50万元　□50万~100万元　□100万~200万元　□200万以上			
公司营业场所情况（实际）	□自有　　□租赁　　面积：　　　　办公地址：			
公司营业额（上一年度）	＿＿＿＿＿＿万元			
公司目前人数	总计＿＿＿人（其中，业务员＿＿＿人；中后台＿＿＿人；其他＿＿＿人）			
公司优势（可多选）	□足够的资金　□好的销售渠道　□团队稳定成熟　□丰富的商务资源　□其他			
您目前可利用的有效资源（我们以您所提供的资源为参考进行代理区域区隔）	序号	区域/行业	目标商机	备注（是否有合作案例）
	1			
	2			
	3			
	4			
	5			
	6			

通过对渠道基本信息的收集，结合企业的渠道画像对渠道进行初步判定，如果该渠道的市场能力符合企业的基本要求，企业可进一步对渠道进行渠道外部市场口碑调研。

② 渠道外部市场口碑调研

较强的市场能力是渠道被选择的基础条件，较好的市场口碑是渠道被选择的保障性条件。一方面，渠道客户具有较好的市场口碑，可基本保证其在合作过程中是守信、守约的，能够降低企业的运营风险，另一方面，具有较好口碑的渠道客户可以为企业的品牌区域影响力加分，降低企业进入用户视野的品牌信任建立成本。一个市场口碑较差的渠道客户，会在特定的用户群体中拉低合作企业的品牌印象分，在还没有开始销售产品时就已经形成了不好的用户印象，这对于企业来说不是好事。因此，不管潜在渠道客户如何包装自己，或者有多强的市场能力，企业都需要进行渠道外部市场口碑调研。

市场口碑调研的核心是尽调渠道的市场商业信誉和服务能力。外部调研的核心方法是资料收集法，比如，进行诚信度调研，可以请潜在渠道客户提供其过往合作者的满意度相关资料，也可以通过浏览潜在渠道客户过往合作者的官方网站、新媒体平台等进行服务信息核实。在外部市场口碑调研阶段，调研需要在不影响潜在渠道客户的正常业务开展的前提下进行。

在信息大爆炸时代，获取信息通常不是难事。企业可以通过多元化的信息获取路径，得到目标渠道客户的公开信息，用以辅助判断其外部市场口碑。

③ 渠道匹配度综合评估

经过渠道内部信息收集及验证、外部市场口碑调研后，企业需要结合渠道的利益诉求和投入产出预期进行企业与渠道合作的匹配度、控制度综合评估。渠道合作应该以"匹配"和"可控"为基础，不匹配的渠道合作，通常会引发一系列问题。

"强渠道，弱企业"的合作，往往会使企业陷入较为被动的境地，无法有效地进行渠道管理和控制。这类强渠道，即使市场能力强，也不宜作为弱企业的核心独家渠道，否则很可能为企业带来负面影响——渠道很强，对企业利益不够重视，削弱企业对市场的把控度，或者渠道以项目为导向，不主动拓展市场，使得市场商机不能被有效挖掘，抑或者渠道带来定价博弈，使得企业虽然提升了市场覆盖率，但是无法实现利润目标。

"强企业，弱渠道"的合作，最大的风险是让企业无法实现业务目标。这类渠道通常会严格遵守与企业的合作规定，但是因为市场能力不足，很容易陷入"你好，我好，市场不好"的局面，成为渠道工作中的"鸡肋"。

渠道选择需要"门当户对"，即企业和渠道势均力敌，实力相当，可以在目标共识和平等对话的基础上进行市场拓展和项目推动，常见的企业与渠道对标指标见表3-2。

表3-2 企业与渠道对标表

企业类型	核心指标	渠道类型	核心指标
各类上市公司	品牌影响力强；产品和服务市场占有率高	战略型渠道（分销）	市场能力强；区域品牌知名度高
各类大型企业	品牌影响力较强；产品和服务市场占有率较高	合作型渠道（分销）	市场能力较强；区域品牌知名度较高
各类中小型企业	品牌影响力较弱；产品和服务市场占有率低	资源型渠道（分销、经销）	市场能力较弱；有局部资源能力；区域品牌知名度较低
小微型企业、初创企业	品牌影响力弱；产品和服务市场占有率低	项目型渠道（经销）	市场能力弱；有项目机会；区域品牌知名度低

渠道销售应该以终为始地开展工作，始终以推动成交为开展各项工作的根本目的。基于此，渠道销售必须充分认识自己所在企业的企业类型，找到和企业匹配的渠道。如果大型企业的渠道销售每天用大量的精力开发项目型渠道和资源型

渠道，一方面会增加错失规模化商机的风险，另一方面会为市场的管理和规范带来很多潜在风险。如果小微型企业、初创企业的渠道销售盯着战略型渠道和合作型渠道不放，不仅会增加商务谈判的难度，而且很难获得理想的效果。在笔者的经历和观察中，小微型企业、初创企业，除非是稀缺性产品和服务的提供商，或者有特别的资源实力，和头部渠道合作往往都得不到理想的效果。

在渠道选择实践中，企业需要正确评估自己在行业中的位置，降维影响，更容易拥有稳定的渠道合作；升维影响，更容易扩大单一项目的成交规模。从渠道商的角度说，越成熟的渠道商选择越多，随着实力的提升，渠道商更愿意选择与在行业中具有头部影响力的企业合作，强强联合，在获取稳定的经济利益的同时，借助行业头部企业的品牌影响力提升自身的品牌价值。虽然实力较强的渠道商也会有个别项目需要与小微型企业、初创企业或者发展型企业合作，但是很难形成稳定的、持续的合作。

相较于战略型渠道，资源型渠道和项目型渠道对于企业的规模和品牌的敏感度没有那么高。他们清楚，在和头部企业合作时，劣势地位导致自己很难获得理想的回报，不如用宝贵的项目资源和商机资源吸引可以给予其更多利益回报的企业，也许这类企业的品牌影响力不强，但是，这类企业通常会给其渠道客户提供周到的服务，并让渡更加实惠的利益。

总之，在渠道选择中，企业应该尽量选择和自身能力匹配的、"门当户对"的渠道，这样不仅更容易形成稳定的合作和成交，渠道拓展和维护的成本也相对较低。

第二节 渠道的培训

渠道培训是非常重要的渠道赋能工作。渠道不是天然能够了解企业的真实情况的，对渠道的培训，应该从合作协议签订的那一刻启动。

渠道培训有线上培训和线下培训两种核心方式，均可分为定期培训和不定期培训，培训主题包括但不限于行业发展培训、产品与服务现状及更新培训、销售技巧培训、案例培训、竞品培训、营销活动培训、用户调研培训等。

在渠道工作实践中，渠道客户无法在没有培训和系统的信息传递的情况下持续、深入地了解行业和合作企业，而渠道销售常以存量项目为导向进行渠道工作，忽略可以通过培训和互动不断提升对渠道客户的产品品类增量的商机的获取能力。

渠道工作者需要重视的是，渠道客户可以通过企业提供的培训更了解行业、更了解企业、更了解企业的产品和服务，并在不断的培训中，强化对企业的信任和信心。渠道培训是渠道运营工作中的常规工作，需要纳入渠道运营工作的日常规划和考核体系。当前，对渠道客户进行培训已经成为大部分 ToB 企业中非常重要的常规工作，不同发展阶段的企业，可以根据自身的组织能力和培训资源的实际情况进行渠道培训的内容体系建设。不管渠道培训的内容体系是如何建设的，都需要包含系统化的常规培训和具有企业特色的非常规培训。渠道常规培训策略见表 3-3。

表 3-3 渠道常规培训策略

培训类型	时间周期	培训方式
产品与服务培训	定期（一月一次）	线下为主，线上为辅
销售技巧培训	定期（一季度一次）	线下为主，线上为辅
销售支持体系培训	定期（一月一次）	线下为主，线上为辅

续表

培训类型	时间周期	培训方式
区域商机挖掘培训	定期（一月一次）	线下为主，线上为辅
行业趋势培训	定期（一周一次）	线上为主，线下为辅
用户调研培训	不定期（多以季度为周期）	线上为主，线下为辅
营销活动培训	不定期（多以季度为周期）	线上为主，线下为辅
企业品牌知识培训	不定期（多以季度为周期）	线上为主，线下为辅

第三节 渠道的管理

规范、有序的渠道管理是"用好"渠道的保障。有渠道，无管理，对于企业来说是非常可惜的事情。在渠道工作实践中，若渠道销售完成渠道拓展之后，组织内部没有规范、高效的渠道管理体系配合，渠道工作的成效会大打折扣，甚至进而影响渠道业务目标的实现。

渠道的规范化流程管理和信息化工具管理是保证渠道有序运营的核心。渠道管理是企业管理文化的重要组成部分，企业需要将渠道管理融入企业的管理体系，在企业层面形成渠道管理的闭环、组织合力和共识。通常，渠道管理应该做到制度化、流程化、信息化。

① 常见的渠道管理问题

在渠道管理实践中，常出现的问题有撞单、丢单、窜货（商机报备管理制度问题），渠道效率低（制度流程问题），渠道工作流程不透明（管理表单问题），交易环节混乱（信息化工具问题），渠道回款账期有误（财务风险管控问题）等。混乱无序和低效的渠道管理会影响渠道客户与企业合作的信任度和信心，在渠道工作中，若组织层面的渠道管理体系化工作缺失，渠道销售往往需要做非常多的解释工作和"填坑"工作，不仅影响渠道工作的高效开展，还可能带来渠道合作的运营性风险。规范、流畅的渠道管理可以为渠道客户带来良好的合作体验，增强渠道销售的信心，提升渠道工作的效率。

② 渠道商机报备管理制度

企业应该制定规范、实操性强的商机报备管理制度并严格贯彻执行。商机报备机制不规范，会给企业的口碑和市场信誉带来巨大的损害。

实战微案例

面对客户,我们在和自己打架

渠道销售小贾就职的企业是一家初创型咨询服务提供商,成立不到两年,尚没有形成有序的商机报备管理制度,对商机报备的管理很不规范。"企业内部没有商机报备要求,我们也没有这样的意识,在没有商机报备机制的情况下,如果谁泄露了自己的客户信息和项目信息,就有可能被抢走商机。"小贾说。所以,小贾和企业内的所有渠道销售一样,各自为战。该企业的渠道销售间经常发生碰撞,小贾就经历过一次撞单——在同一个咨询商机中,小贾跟进的渠道客户和本企业另外一名渠道销售跟进的渠道客户为同一家企业提供了同样的方案。

小贾和同事直到方案汇报时才发现,两个渠道客户汇报的方案都是自己所在企业提供的服务方案,这严重影响了用户对该企业的好感度,也严重损害了事件中的两个渠道客户对该企业的信任。小贾说,其实圈子不大,如果在面对客户的时候,总是自己和自己打架,就好像蒙着眼上战场,不知道身边是敌军还是友军,挺难受的。

在实际工作中,商机报备管理制度应该以真实商机优先、时间报备优先、持续跟进优先为原则,在此基础上分配企业的支持资源。商机报备管理制度应该在信息化系统中即时可报、可查,渠道销售应该在商机获取的第一时间帮助渠道客户进行报备并跟进渠道商机。

③ 各项渠道制度流程化、表单化

渠道业务落地涉及组织内部的商务、售前、法务、采购、交付、利益兑现、售后等诸多环节,企业应该将各环节制度化、流程化,通过使用信息化工具,形成节点明确、环节透明、权责清晰的流程,使渠道工作高效运转。

"人治"是渠道管理的天敌。无论是处于什么发展阶段的企业,都应该有制度化渠道管理流程，通过使用钉钉、企业微信、飞书等工具，进行流程化、表单化协同管理。业务体量小的企业，可以使用简单的工具进行工作支持；业务体量大的企业，则需要使用专业的信息化管理工具进行日常渠道工作支持。

注意，渠道管理制度的流程化和表单化不应该成为束缚渠道销售工作开展的枷锁，而应该为渠道销售提供更加清晰的工作地图和组织保障。

④ 信息化管理工具

CRM 系统是企业进行渠道管理的必要的信息化管理工具，通过不同的权责划分和权限级别设置，组织内部各环节的协同单元可以随时通过 CRM 系统进行渠道工作的推动和监管。与此同时，通过对企业运营成本和业务体量进行综合评估，可以形成有渠道客户参与使用的信息化互动工具，使渠道客户同步接收企业内部和自身业务开展与利益相关的流程信息，这有利于提升渠道客户的业务开展效率，且优化其合作体验。

信息化管理工具是 ToB 企业的必备管理工具，因为企业要确保客户的真实信息留存于企业，确保客户的维护服务在企业层面有沉淀路径，确保客户的成交在企业层面有源可溯，确保渠道销售工作的关键过程在企业层面有据可查，从而确保企业可以系统、全面、客观地掌握渠道工作的真实进展情况，避免渠道工作出现结构性问题。

第四节 渠道的激励

渠道激励需要面对的主要问题是如何"留住"渠道，激发渠道稳定合作的内在动力。渠道激励水平受企业渠道赋能体系的影响。渠道激励水平不仅与行业内客观激励水平有关，比如激励的整体市场水平和企业内部对于激励成本的评估，还与渠道客户主观感受上的激励水平有关，渠道客户的主观感受通常会受渠道合作历史和企业兑现激励承诺的及时性影响。

① 渠道的双重价值激励

在渠道激励工作中，企业不仅要思考如何激励渠道客户，输出渠道客户激励价值，还要帮助渠道客户思考如何激励用户，帮助渠道客户搞定用户，输出用户激励价值。在渠道激励体系中，客户和用户的双重价值思考与落实非常重要。

渠道客户激励是影响企业给予的合作关系对渠道客户的吸引力是大还是小的直接因素，制定具有竞争力和想象空间的渠道激励策略，并为渠道客户提供让其满足甚至超出其预期的激励，对企业来说至关重要。

用户激励是否妥当对于合作能否最终达成的影响也非常大。用户激励的价值创造通常体现在产品和服务上，在特定行业中，也体现在用户激励的商业设计上。用户价值在各赛道上的表现形式是不同的，需要企业结合行业情况进行有针对性的思考。用户的认可是渠道客户获得商机的基础，所以，企业从用户价值输出的角度入手为渠道客户提供支持和赋能，是渠道激励的重要技巧。

② 渠道的商业激励

渠道的商业激励，更多的是指直接的现金激励。渠道商是受商业利益驱动的商业主体，利益在前，品牌在中，交情在后。60%~70%（甚至更高比例）的渠道商只关注商业利益，20%~30% 的渠道商在商业利益之外关注品牌，只有 10% 左右（甚至更低比例）的渠道商在商业利益和品牌之外考虑和企业之间的合作情谊。

渠道商往往愿意在有诚意的商业激励面前提高对企业的包容度和支持度。很少有企业可以做到让渠道商100%满意，但是企业可以通过设置高水平的渠道激励机制，提升渠道商的合作内驱力和对成交的渴望，从而提升渠道商的主动性、激发渠道商的合作动力。渠道激励需要通过商业利益的设计和兑现实现，因此，在渠道激励层面，企业通常需要优先进行商机激励设计，尤其是在渠道投入有限的情况下，不求完美，但求击穿核心利益诉求。

设置渠道的商业激励机制，需要结合企业的发展阶段、利润率和市场目标进行全面的考量与规划。设置渠道的利益分配机制时，企业管理者需要多听听渠道销售团队、产品规划团队、竞品调研团队和财务成本团队的思考与讨论，切忌一拍脑门，先设置一个并不合理的利益分配机制再不断调整。这一举动在实际工作中很常见，是非常影响渠道拓展的效率和渠道合作的积极性的。

第五节
渠道运营管理的常见问题

在企业内部，渠道的运营管理常被忽视。渠道的运营管理不仅是渠道销售的日常工作，也应该成为企业的常态化管理工作。渠道客户是企业的重要外部合作伙伴，渠道运营管理的逻辑和企业人员运营管理的逻辑是相同的。在渠道的日常运营管理中，常见的问题有管理混乱、合作动力不足、忠诚度不高、流失率高、满意度低、目标感不足等。

① 渠道拓展如盲人摸象，没有章法

渠道拓展并不难，难的是找到真正合适的渠道。在实际工作中，渠道工作者常碰到的问题是渠道拓展效率低下，这个问题往往是渠道拓展策略不明确造成的——基层渠道销售很容易像盲人摸象一样工作，没有明确的渠道拓展目标和路径，虽然做了很多工作，但是得不到很好的渠道拓展成绩。

② 潜在渠道客户的合作动力不足

在渠道拓展阶段和渠道赋能阶段，面对潜在渠道客户，渠道工作者习惯于滔滔不绝、热情洋溢地进行相关信息介绍，但是潜在渠道客户总是表现得无动于衷，似乎并没有合作的意愿和期待，或者即使表现出了对企业的认可，也不会真正地落实为具体的合作。这些问题是渠道运营管理过程中的常见问题，也是经常困扰渠道工作者的问题。

能否解决这些问题，非常考验渠道工作者的判断能力、商务谈判能力和客户需求洞察能力。渠道工作者需要对问题进行不断的复盘和总结，找到问题产生的根本原因，通过组织体系，使用商务手段解决问题，提升潜在渠道客户的合作热情。总之，遇到问题，必须对问题产生的根本原因进行洞察，并针对问题产生的根本原因，进行有针对性的应对。

③ 渠道客户的忠诚度不高

渠道客户的忠诚度不高也是常见的渠道管理问题，面对这个问题，需要从渠道选择和渠道赋能的角度入手进行思考，落脚点是成交环节能否让渠道客户有获得感，并对未来的合作有安全感。

渠道客户的忠诚度不高，意味着渠道客户有商机，但是并没有坚定地选择和企业合作，这背后的根本原因往往是渠道赋能没有做好，即企业没有做到让渠道客户有足够的获得感，且在和渠道客户的互动过程中，企业没有让其感受到企业和品牌对其未来业务开展的重视和支持。

④ 渠道客户总是抱怨赚不到钱

渠道客户经常在合作过程中发牢骚，抱怨赚不到钱时，企业需要对真实、客观的情况进行分层次分析。拓展有成交能力的渠道客户很难，但是丢失这样的渠道客户很容易。渠道客户产生抱怨的时候，是合作关系必须进行改善的重要时机，企业需要认真对待。

那么，企业应该如何对真实、客观的情况进行分层次分析呢？

首先，分析企业的渠道利益机制是否具有竞争力。该分析是为了确认在渠道客户和企业的合作过程中，渠道客户获取的利益是否低于市场平均水平，渠道客户不满的是运营问题还是利益问题。

其次，分析渠道客户产生抱怨的真实原因。如果不是企业的渠道利益机制的竞争力问题，那么，渠道客户产生抱怨的真实原因是什么？是渠道客户的能力问题，还是企业的赋能问题？找到真正的原因才能更好地解决问题，化解合作危机。

最后，面对渠道客户的抱怨，渠道销售要分析话术和商务技巧的运用是否到位。安抚沟通、优化合作方式、确定补救举措的及时性和有效性都非常重要。

⑤ 渠道客户不愿意承担业务目标和压力

对企业给予的业务目标和压力有所抗拒是渠道客户的正常反应，也是合理反应。承担多少业务目标和压力决定了渠道客户能为企业带来的利益的量级，也决定了渠道客户在企业中的层级和定位。企业需要根据渠道客户的体量和能力进行目标的制定和压力的传导。通常，渠道客户不愿意承担业务目标和压力的问题需要通过使用商务技巧解决；渠道客户不能承担业务目标和压力的问题需要通过组织赋能和降低预期的方式解决。

是否愿意承担业务目标和压力，往往和渠道客户是否有足够的能力没有直接关系，而是由渠道客户的主观意愿决定的。渠道客户不愿意承担业务目标和压力通常有两类原因，第一类是渠道客户不愿意与该企业深度合作，第二类是渠道客户不愿意承压工作，希望可以以相对自由和轻松的方式与该企业合作。如果是第一类原因，渠道销售需要通过商务沟通、谈判的方式与渠道客户进行沟通，如果是第二类原因，渠道销售需要根据渠道客户的实际情况与之进行友好沟通。

能否承担业务目标和压力，往往和渠道客户的能力直接相关，这是由渠道客户的客观情况决定的。面对这样的情况，渠道销售需要进行评估，判断能否通过组织赋能的方式提升渠道客户的市场能力，或是直接和渠道客户协商、沟通，在渠道客户可以承受的范围内进行合作目标设定。

在实际工作中，渠道客户不愿意承担业务目标和压力的影响因素很多，也很复杂，在处理、应对的技巧和方式上，对渠道销售提出了比较高的要求。总体来说，围绕着设定共同目标这样的核心合作命题，渠道销售应该不断提升自己的商务洞察能力和客户影响力，在合作中提升渠道客户的获得感和安全感，不断优化其商务合作动机和情绪认同。

第六节
案例——某民营企业渠道运营管理案例

案例企业是一家民营企业,处于稳定发展期。该企业渠道服务的满意度稳定在 90% 以上,渠道忠诚度较高。案例企业的核心画像信息见表 3-4。

表 3-4 案例企业核心画像信息

项目	情况
人员规模	200 多人
年营业额	超过 1 亿元
销售模式	渠道为主,不做直客
产品类型	教育信息化 SaaS 软件
平均客单价(终端用户价)	50 万元左右
成立时间	超过 6 年
品牌影响力	行业中游
产品市场占有率	行业中游
渠道价格体系竞争力	行业中游
发展阶段	稳定发展期

① 渠道的选择

案例企业的渠道选择策略是重点发展合作型渠道,在有合作型渠道的区域放弃直接面对项目型渠道,通过合作型渠道进行项目型渠道服务,提升合作型渠道的黏性。与此同时,案例企业针对合作型渠道和战略型渠道设计了具有行业竞争力的价格体系,在能够保证产品和服务的用户价值的基础上,有良好渠道政策的企业是非常具有渠道合作竞争力的。

基于渠道画像和合作标准,案例企业设置了较高的合作型渠道准入门槛,包括对市场能力、资金实力、市场信用和区域服务能力的评估，综合评分达到一定标准才可以进入案例企业的渠道客户体系。案例企业在渠道选择上重点关注合作型渠道和资源型渠道，在层级上设置了合作型分销、资源型经销两个层级（资源型经销包括企业直接对接和合作型分销对接两种方式）。

② 渠道的培训

案例企业通过线上和线下两种形式，组织落实和渠道相关的培训，包括但不限于渠道新员工产品和服务培训、渠道客户定期产品和服务更新培训、行业竞品培训、行业市场培训、市场营销和组织管理培训等。在培训环节，案例企业全面开放企业的培训课程资源，除了参加与业务相关的培训，渠道客户还可以使用培训账号登录企业内部的 E-Learning 培训平台进行业务和管理知识学习。

在培训环节，案例企业将渠道客户当成组织的一员，对渠道客户提出不断学习的要求，并提供渠道客户听得懂、用得上的培训内容，加深了渠道客户对案例企业的全面了解，提升了渠道客户的黏性和用户服务能力。

③ 渠道的管理

渠道管理通常是通过对渠道与企业的合作项目进行管理实现的，在渠道项目管理中，各业务单元都应该关注客户服务，不断自检工作是否完善和到位。企业需要从渠道销售触达渠道客户开始对合作项目进行流程化管理。

渠道的项目管理通常包含 6 个维度的管理：渠道项目的文件管理、渠道项目的过程管理、渠道项目的采购生产管理、渠道项目的质检管理、渠道项目的交付管理、渠道项目的售后管理。

不同行业、不同规模的企业需要根据自身的实际情况在这 6 个维度进行组织化、规范化管理，确保各部门都及时关注业务推进。

④ 渠道的激励

针对实力较强、有成功案例，且有较好市场表现的渠道客户，案例企业制定灵活的合作政策，包括但不限于成立合资企业、参股渠道企业、进行区域性独家合作、提供具有竞争力的返点、对渠道销售团队进行直接奖励等，给足渠道客户安全感和信任感。

在渠道激励方面，案例企业特别关注两点，一个是渠道客户的直接激励，另一个是渠道客户的间接激励。渠道客户的直接激励就是让渠道客户赚钱，即通过优化企业的产品和服务的价格利益机制，让渠道客户感觉建立合作就是赚钱的开始；渠道客户的间接激励，即帮助渠道客户搞定用户，输出用户价值。

案例企业的体量并不大，其成功的原因是在渠道管理的各环节严格地执行了渠道管理的流程制度，并将流程制度沉淀在企业的 CRM 跟进流程系统中，各环节均有负责人，有明确的工作交接和确认时间节点，保证了渠道管理各环节有制度、有流程、有开始、有闭环。

本章教练助手

1

您所在企业的渠道客户评估方面的常规工作有哪些?

_____
_____
_____

Tips 渠道选择在为后续的渠道工作打基础,在渠道选择阶段,可以对潜在渠道客户进行科学有效的评估,这会提升企业的渠道工作的成交效率,获得事半功倍的效果。

2

按照战略型、合作型、资源型和项目型为渠道分类,您所在企业的目标渠道画像是什么?

_____
_____
_____

Tips 渠道画像是渠道拓展和渠道选择的重要工具,企业需要不断地进行复盘和总结,使渠道画像尽可能精确,提升渠道工作的效率。

3

您所在企业有系统化、常规化、个性化的渠道培训吗？

> **Tips** 渠道培训是最容易开展也最容易见效的渠道赋能工作，组织渠道培训，能够让渠道客户更加了解行业、企业，以及企业的产品和服务，对合作更有信心。企业需要充分重视渠道培训，不要让渠道培训流于形式，浮于表面。

4

您所在企业是如何进行渠道工作效果评估的？

> **Tips** 渠道的管理、运营是企业管理的重要组成部分，对其进行的考核应该融入渠道工作相关部门和人员的考核体系，进而形成协同有效且以成交为导向的流程、规范。

第四章 渠道拓展之道——修炼内功、投其所好

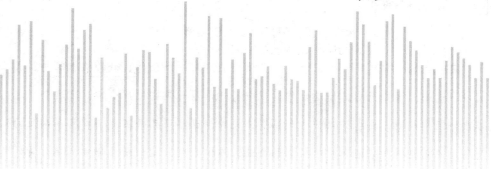

逆着人性修炼自己，顺着人性服务客户。渠道拓展是渠道工作的基础，也是渠道变现的流量入口，想要做好渠道拓展工作，需要在不断提升和修炼自己的同时，为潜在渠道客户提供具有吸引力的服务。如何进行渠道拓展呢？本章来讨论与之相关的问题。

第一节
渠道拓展的一个原则：先利他，再共赢

利他，是开展各项渠道工作的前提。以利他为前提，以共赢为目的，是渠道拓展的根本原则。不以利他为前提，不以创造价值为出发点的渠道工作，是无法获得持续、稳定的预期效果的。凡是合作，都应该以共赢为基础，如果和一个渠道合作，无法看到共赢的预期结果，说明这个渠道的拓展是低效的。利他和共赢，是渠道工作的前提和目的，这两者缺少任何一个，渠道工作都无法正常开展。

实战微案例

玫瑰虽香，但是扎手，还要赠人吗？

渠道销售小贾就职于一家教育信息化企业，有一个合作良好的渠道客户，成交频率较高。客户虽好，但是合作过程中有一件事一直在困扰小贾，即这个渠道客户会经常找他，要求提供一些产品支持文件，这些产品并不是小贾所在企业的产品，他需要帮助渠道客户对接别的企业，不仅无利可图，而且会被消耗大量的时间。小贾不好意思拒绝客户提出的要求，不知道应该怎么处理类似情况。

小贾的困扰在于，虽然说"赠人玫瑰，手有余香"，但是有的时候确实精力不足，他应该提供这样的客户支持吗？怎么处理这样的客情比较得体呢？

案例中的渠道销售小贾遇到的情况在商业实战中很常见。面对渠道客户的"附加需求"，究竟应该如何应对呢？这个问题是没有标准答案的。通常，渠道客户找渠道销售寻求与日常工作内容无关的帮助时，他未尝不知道这是不合理的打扰，但是他这样做了，不管出于什么具体原因，"被特别需要"是建立深度链接的好机会。不过，"利他"是需要边界的，在实际工作中，渠道销售应该在组织原则和个人能力范围内回应渠道客户的要求。那么，哪些要求是符合组织原

则、在能力范围内的要求呢？根据能否服务于长期、稳定的共赢关系的建立和维持判断。

① 利他，是渠道工作的开展前提

在《活法》一书中，稻盛和夫指出，利他本来就是经商的原点，他表示："求利之心是人开展事业和各种活动的原动力。因此，大家都想赚钱，这种'欲望'无可厚非。但这种欲望不可停留在单纯利己的范围之内，也要考虑别人，要把单纯的私欲提升到追求公益的'大欲'的层次上。这种利他的精神最终仍会惠及自己，扩大自己的利益。"

企业和渠道销售往往会因为被眼前利益吸引而忽略"利他"这一工作原则，这不是由意识决定的，而是由渠道销售工作的目标导向决定的，如果"利他"没有融入企业和渠道销售的日常工作指导原则，那么"利他"往往只是一个口号，无法真正得到落实。"利他"，虽然可能会在短期内为企业和渠道销售带来更多的工作，或者需要企业和渠道销售让渡一定的利益，但是长久来看，会为企业和渠道销售带来渠道客户的深层信任和稳固合作。

② 共赢，是渠道工作的目的

持久的合作需要以共赢为基础。共赢，即基于合作双方的需求和利益分配的共识，共同创造价值和分享价值。无论是过于强势的企业，还是过于强势的渠道，一旦有一方触碰或破坏了"共赢"这一合作基础，使得合作不能稳定"共赢"，需要合作中的一方让渡合理利益进行维持，合作会变得非常脆弱，同时极具风险。

并非所有渠道客户都是"天使"，正如任何一个人都不可能和所有人成为朋友一样，合作这件事需要的不仅是彼此需要、利益互补，还有价值观匹配、团队风格吻合等。在实际工作中，作为企业外部销售组织的渠道客户常和企业发生利益冲突，这是正常的。部分渠道客户会凭借自己强势的商机资源和项目推动能力，对企业的利益进行无底线的盘剥，或者在合作过程中提出各种不合理的诉求，对于这类渠道客户，企业应该做出精准判断和及时取舍。渠道合作是一项系统性工作，不能与企业"共赢"的渠道客户是有着巨大的组织破坏力的——无论是对渠道合作的公平性，还是对组织内部渠道政策的统一性，都极具破坏作用。

  当然，也有一部分企业，会凭借和渠道客户的信息差与自己的产品、服务的强势地位，对渠道客户进行显性或隐性的利益损害。企业做出损害渠道客户利益的行为，必然会为未来的合作埋下隐患，比如，有些企业通过项目报备制度获取渠道客户的项目商机，和渠道客户进行项目竞争，损害渠道客户的利益，此举轻则影响企业和相关渠道客户未来的合作，重则影响企业的行业口碑。与此同时，在这样的企业风气和销售纪律中工作，企业中的渠道销售很可能会纷纷效仿这种行为，此举虽然短期内能为企业节省渠道的利益分成，但是放眼长期，企业会慢慢地丧失更多渠道客户的信任，是得不偿失的。企业应该允许渠道客户赚合理的"差价"，因为这是渠道模式存在的根基。

第二节 渠道拓展的两个前提

渠道拓展有两个前提：企业有需要，客户有需求。这两个前提，缺少任何一个，渠道拓展都不具备继续推动的基础。企业有哪些需要是组织共识，渠道画像可以很好地体现企业有需要的维度。渠道销售需要根据渠道画像进行渠道拓展，如果想当然地进行渠道拓展，不但无法形成有效的章法，而且往往会造成精力浪费，无法获得很好的拓展效果；客户是否有需求是利益共识，需要企业和渠道客户进行沟通和互动后，以渠道客户的真实需求反馈为基础进行提炼与总结。没有任何一个企业可以替代渠道客户表达需求，渠道客户的需求必须来自渠道客户的真实反馈。

① 企业有需要

企业有需要，要求渠道销售拓展的渠道客户或者潜在渠道客户能够匹配企业的渠道画像，满足企业的产品和服务的市场拓展要求，这样的渠道才有拓展的价值。这个前提看似简单，实际上在渠道拓展工作中常被渠道销售忽视。

实战微案例

想看海豚，应该朝着大海的方向，而不是沙漠的方向

渠道销售小蔓就职于一家校园服务医疗器械企业，该企业成立3年多了，目前处于发展期。在业务拓展的过程中，由于企业对渠道画像的更新、优化不及时，包括小蔓在内的很多渠道销售在拓展渠道方面走了很多弯路。

没有正确的渠道画像，小蔓做过很多无用功，她曾经花费大量的精力去拓展医疗培训课程推广的相关渠道，跟进了几个月才发现，医疗培训课程推广的渠道是内容分发型渠道，而进校园的医疗器械渠道应该具备硬件进校能力，这两类渠道看似相关，但是对基本能力和资源能力的要求是不同的。

小蔓是销售中层管理人员，渠道画像的不准确也给她招聘渠道销售的工作带来了很多负面影响，她招聘到的渠道销售没有企业实际需要的业务资源，这极大地影响了业务开展效率。

总的来说，"企业有需要"要求渠道销售在达成共识的渠道画像范围内进行渠道拓展，找到目标渠道密集分布的地方，全力拓展。与此同时，"企业有需要"还要求目标渠道客户有和企业互补的能力，如果渠道商的能力层级不符合企业对渠道客户的要求，需要企业花费大量的人力和物力提供扶持，则即使企业成功与该渠道商建立合作关系，后续工作通常也是低效的。

随着行业和企业的不断发展，企业的渠道画像需要不断迭代。这要求渠道销售在实际工作中，一方面要按照企业的渠道画像进行渠道拓展，另一方面要对市场上出现的具有渠道画像迭代意义的信息加以关注，并及时将其带回企业，帮助企业的渠道画像保持先进性和指导性。

② 客户有需求

每个企业都有自己的渠道画像，每个渠道商也都有自己的合作企业画像。作为企业，要明确地知道一个事实——不是所有渠道都适合合作，找"门当户对"的渠道，比找看似更强的渠道更为有利。换句话说，企业要允许当前的合作渠道不是行业里最强的渠道，与企业能够影响的渠道合作，比去攻克一个很难被企业影响的渠道更为高效。与此同时，渠道销售要充分、彻底地倾听渠道客户表达需求的声音。创造机会，让渠道客户充分地表达真实需求是渠道销售必须具备的能力，对渠道客户真实需求的断章取义及对渠道需求的错误理解都会导致渠道拓展失败的风险增加。

对企业的产品和服务有需求的渠道客户往往更容易贡献成交业绩。通常，行业头部企业中的渠道销售，可以先尝试拓展行业头部渠道，再降维拓展行业腰部渠道。行业中的成熟企业或者初创企业中的渠道销售，则应该先多花心思研究如何拓展行业中小型渠道，再随着企业的产品和服务能力、品牌力的提升，尝试拓展行业头部渠道。顺序对了，更可能事半功倍。

第三节 渠道拓展的三大核心难题

万事开头难，渠道拓展作为渠道工作的开端，往往要面对非常多的难题，最常见的难题有如何做渠道的数量拓展、如何提升渠道拓展的质量、如何建立渠道合作的信任。

在渠道拓展的过程中快速甄别优质渠道并进行重点攻破的能力强弱决定了渠道工作的效率高低，在和优质渠道商互动的过程中获得渠道商的信任，进而建立渠道合作是渠道变现的关键。渠道拓展工作之所以难做，是因为该工作不仅考验渠道销售对渠道商的触达能力，还考验渠道销售对渠道商需求的洞察能力。

① 渠道的数量拓展

市场营销是渠道数量拓展的常见方法，ToB 企业常通过组织具有企业特色的市场营销活动获取渠道流量。高质量、精准的市场营销是增加获客数量的核心方法，营销方式有很多，比如主题会销、品牌活动、活动赞助、线下展会、新媒体平台的日常运营等。通过组织多元的营销活动和渠道商建立联系是非常高效的。根据实践经验，企业在营销活动中做好准备，企业层的渠道流量足以满足渠道数量拓展需求。

此外，基于企业的流量赋能和日常渠道拓展工作，渠道销售也可进行渠道的数量拓展尝试。

② 渠道的质量提升

在获取渠道流量的基础上，渠道销售可以通过对潜在渠道客户进行商务拜访和需求谈判完成渠道筛选，随后进行组织层面的渠道赋能，提升渠道合作质量。在潜在渠道客户中快速甄别高质量渠道客户，需要渠道销售进行及时、高效的商务谈判和服务跟进，快速捕捉渠道需求，并针对渠道需求安排培训等渠道赋能活动，这是渠道质量提升的标准化工作流程。

除此之外，提升渠道质量，还需要企业不断地提升组织的赋能能力和服务能力，因为部分渠道客户的用户服务能力和质量是可以通过参加企业培训得到提升的。实际工作中，经常有渠道客户的市场能力在与企业合作之初并不尽如人意，但是因为对企业的品牌和团队足够认可，会积极参加企业组织的各项培训，主动提升自己的市场拓展能力和商机变现能力，慢慢成为企业的优质渠道客户。

③ 渠道的信任建立

甄别出高质量的渠道客户后，渠道销售需要凭借专业的销售能力和服务体系获得渠道客户的初步信任，并依托企业的渠道赋能体系、利益机制设置和服务保障体系获得渠道客户的深度信任，建立稳定、牢靠的合作关系。渠道信任的建立是一项持久且可能反复的工作，需要渠道销售步步为营、稳扎稳打地进行工作推进，根据渠道的特点和需求，不断精进自己的工作方法并优化工作节奏，保证渠道客户获得最佳合作体验。

第四节
渠道拓展的四大策略

在渠道拓展工作中,企业应该对渠道销售提出标准化工作要求。从渠道拓展之前的准备到渠道拓展之后的信任和合作关系建立,都应该进行标准化工作,即渠道销售应该先完成标准动作,再根据自己对渠道客户的了解和判断进行个性化工作。在企业层面的渠道拓展工作中,标准化动作通常包含以下 4 个,即渠道拓展的四大策略。

① 做足功课,全面撒网

无论使用何种渠道拓展方法,渠道拓展前的准备和研究都至关重要。正所谓不打无准备之仗,在不可能中创造可能,是真正的渠道工作高手的必备技能。销售工作,本质上是一项概率工作,没有人能做到百发百中、战无不胜,但是,所有渠道销售都可以通过充足的准备和不断的尝试提升成交概率。

有一部风靡一时的电视剧名为《琅琊榜》,建议每位渠道销售都看一看。通过这部影视作品,可以看到一个团队(梅长苏团队)通过 10 多年充足的准备,不断地用共同的目标和信仰吸引优质的合作伙伴通力合作,对竞品(废太子和誉王)进行深入研究,做到知己知彼,不断打败竞争对手,从而完成一件本不可能完成的事情(夺嫡)的过程。

实战微案例

穷尽所有办法了解客户,做足功课,是我做渠道销售的底气和自信

渠道销售小秦就职于一家办公软件企业。在渠道拓展常使用的各种方法中,电话拓客并不高效,但是经济形势不好,有的时候找不到中间人,想要触达优质的潜在渠道客户,小秦依然会选择进行电话拓客。

小秦分享道："现在一听是销售型电话，对方有很大概率会直接挂电话。这很常见，我遇到过很多次。不过，我的电话触达成功率相对较高。"针对这一点，小秦分享了一个具体案例。

在一次会议上，小秦得到了一个优质客户的电话，但是找不到中间人帮忙沟通，于是，小秦选择先充分了解客户的信息，包括从客户的官网、公众号、视频号等公开平台上找到的客户老板的信息、竞品的信息，以及未来发展的规划，再研究客户的竞品和目前对企业产品的需求痛点。

做了以上准备后，小秦列出了她的电话拓客话术："××总您好，我是××，您企业的竞品企业××的办公软件提供商。冒昧打扰您，是因为我们的产品得到了您的竞品企业的好评，帮助该企业节省了很多运营成本，不知道您是不是有兴趣了解一下。"得到客户的默许之后（没挂电话等于默许继续交流），小秦继续说，"毕竟我们是供应商，××企业的各项数据等具体信息不方便透露给您，但是可以告诉您，我们通过解决××企业日常管理中的××问题（这些问题确实是该行业企业的日常管理中的普遍问题），节省了该企业的运营成本，提升了其办公效率。与此同时，我们的产品还可以为企业拓展海外市场提供帮助，如果您感兴趣，我可以加您的微信，发一些资料给您，供您和您的团队了解。"

小秦为这个电话拓客做了充分的准备，对目标客户的老板个人、竞争对手企业、日常管理的核心问题、有可能拓展的海外市场业务等做了深入了解，辅以非常舒服和踏实的电话沟通风格，成功与对方建立了链接，提高了后续拜访和合作的可能性。

通过该案例可以发现，做足功课再去与客户交流不是一句空话，需要真正落实到工作中，需要用心研究和琢磨。

另外，做足功课也意味着要功劳，而非苦劳。渠道销售有很多类型，"销冠"却大同小异——他们都是能够将自己的勤奋和时间用在高效工作上的人。精准聚焦是渠道拓展的总策略，精准聚焦地攻克和服务 1 个高质量客户，往往胜过没有重点地服务 10 个劣质客户。观察和分析"销冠"的数据可以发现，其业绩往往是由某个或某几个高质量客户贡献的。因此，建议渠道销售学会精准聚焦，花时间和精力找到高质量客户，不要自我感动式服务劣质客户——看似服务了很多客户，实际上并无法得到实质的业绩。

实战微案例

拓客核心在于知道客户在哪儿，且知道如何打动客户

渠道销售小景就职于一家智能硬件企业，有 10 余年的销售经验。他进行渠道拓展的效率非常高，每周都有高于企业要求的有效渠道拓展成果沉淀到 CRM 上。在分享自己的拓客经验时，小景表示，他每天都会关注行业内的各大网站和拓客社群、平台，并以天为单位对当日的拓客渠道进行排序，比如，今天聚焦网站拓客，他就会重点分析网站的客户情况。一般，同拓客渠道中的客户的画像是相似的，准备好一套针对这类客户的话术，即可进行高效的聚焦拓客。对于同拓客渠道的客户，做几次沟通，基本上就可以精准地提炼其核心特点了，针对他们的特点进行进一步拓客，能明显提升拓客效率。

小景说："拓客是比较需要'手感'的工作，需要勤奋、持之以恒，也需要不断地总结经验，知道客户在哪儿，且知道如何打动他们。"

② 持之以恒，有效服务和赋能

渠道销售的工作和其他类型的销售的工作并不完全相同，渠道销售一方面要将企业的产品和服务推给渠道客户，另一方面要努力地持续影响和强化渠道客户对企业的认可、信任，工作难度很大。渠道客户接受企业的产品和服务，与之达成一两次项目合作很常见，建立持久的合作则不容易，这需要企业的渠道销售持

之以恒地跟进和不断提供有效的服务赋能。优秀的渠道销售往往会和渠道客户建立紧密的背靠背合作关系，不仅会和渠道客户进行稳定、持续的有效互动，甚至会参加渠道客户的内部销售会，像一个团队一样开展工作，这是渠道销售用日复一日的努力换来的。在渠道拓展工作中，找到并影响核心决策人或通过提供有效的服务和赋能搞定渠道客户的决策层，进而形成稳定的渠道成交合作关系，是渠道销售应该树立的工作目标。这样的合作更加稳定、牢靠，甚至是可以形成行业竞争壁垒的。

在某些行业，渠道销售会对精准的客户群体进行扫楼式拓客。扫楼式拓客是一种辛苦且需要持之以恒的进行才能看到显著效果的渠道拓客方法，很多互联网企业在创立之初进行过扫楼式拓客，取得了较好的效果。渠道拓展方法没有高级与低级之分，只要适合企业，就是最好的方法；只要可以找到符合企业渠道画像的渠道，就是值得尝试的方法。

③ 利益承诺，说我能做，做我所说

在渠道工作中，认真、慎重地给予利益承诺很重要。渠道工作是一项持续性工作，在工作中，要特别注意"说我能做，做我所说"，即诺必践，践必果。切忌为了达成合作而随意许诺，也切忌对承诺进行打折兑现。

渠道销售应谨记，不要信口开河、随意承诺。实际工作中，经常有渠道销售为了打动客户而随意承诺，殊不知给出无法兑现的承诺时客户有多少期待和动力，最终交付时客户就会有多少质疑和失望，这不仅会增加客户流失的风险，也会增加组织内部的协同障碍。

实际工作中，渠道销售常见的"信口开河"有承诺给渠道客户不可持续的利益分配机制、承诺给渠道客户不可能实现的产品功能、承诺给渠道客户不可能实现的交付时间、承诺给渠道客户不可能兑现的品牌支持等。承诺时很爽快，兑现时便乱了阵脚。面对无法满足的渠道客户要求时，渠道销售应该进行坦诚沟通，

直接面对问题，寻找解决问题的思路和方法，而不是回避问题。要知道，面对渠道客户抛出的无法响应和满足的需求时，往往越坦诚越有力量。

④ 团队作战，传递专业和尊重

对于企业来说，真正成功的渠道拓展往往是团队作战的结果。从渠道赋能政策制定、市场营销宣传、售前培训服务，到渠道销售的联系、沟通、合作达成，再到售后服务保障和利益兑现，有目标共识、全员努力为渠道客户提供专业服务并贡献价值的团队是有着巨大力量的，也是极具生命力的。渠道网络本质上是一个圈子，在这个圈子里，口碑是重要的无形资产，而口碑的形成是企业成员协同作战的结果。

投身渠道工作，切忌单兵作战，没有任何一个优秀的渠道销售可以靠自己的力量获得完全的胜利。在渠道工作中，很多渠道销售认为渠道客户是自己的"个人资产"，如果自己离开了企业，渠道客户会跟着自己走，这往往是一种错觉。

优秀的渠道销售，大多知道如何在组织协同的基础上最大程度地发挥自己的优势。相信团队、依靠组织的力量向渠道客户传递全面的支持是对渠道客户最大的尊重和赋能，也是让渠道拓展工作始终有良好效果的重要保障。

第五节
渠道拓展的五大工具

在不同行业，渠道拓展的工具不尽相同，通常包括渠道信息获取工具、渠道触达工具、渠道谈判工具、渠道营销工具和渠道交易工具。在不同的渠道拓展阶段，应该使用不同的高效工具。渠道拓展工具的打造与使用不仅需要企业在组织层面进行统一部署，还需要不同部门进行分工协作。

① 渠道信息获取工具

渠道信息获取工具又称获客工具，分为免费获客工具和付费获客工具。免费获客工具主要为行业网站、社群等；付费获客工具主要为付费的搜索网站，以及精准度较高的行业内专业级社群，比如行业协会、学会等。随着信息化技术手段的不断丰富和发展，获取渠道信息的路径和方式越来越多元，渠道销售应该不断提升自身的拓客专业度。

渠道工作者的自拓客和企业层面的市场营销投入型获客结合进行，往往能取得较好的信息获取效果。企业应该有渠道工具赋能的意识，不断为渠道销售赋能，提升其使用渠道信息获取工具的效率和熟练度。

② 渠道触达工具

常见的渠道触达工具有电话、短信、微信、邮件等。渠道销售应该基于企业的产品和服务的特点选择合适的渠道触达工具，不断优化工作方法，并在此基础上不断探索和尝试使用新的渠道触达工具。针对不同类型的产品和服务，渠道触达工具的选取和使用侧重是不同的，渠道销售需要在日常工作中持续不断地探索和迭代。

📋 实战微案例
没有找不到的方法,只有不找方法的人

渠道销售小鹏就职于一家云计算企业,为了和一个潜在渠道客户建立良好的沟通关系,小鹏想了很多方法。和客户建立联系、加了微信之后,小鹏给客户发过几次信息,但客户均没有回复。小鹏没有气馁,又做了关注客户参加的会议、关注客户所在企业的市场活动等努力,但是效果都不太理想。

实在找不到更好的突破方向,小鹏开始研究客户的朋友圈。小鹏把客户近几年的朋友圈翻了一遍,功夫不负有心人,他发现,自己的一位大学老师也是这个客户的大学老师,他们在朋友圈里有互动。后来,小鹏一直在等待机会,等该客户和这位老师有新的朋友圈互动之后,及时加入互动,让这个客户知道了他们有共同的老师,两人是校友的关系,并进一步找机会通过参加校友会活动加深了两人的联系。最终,小鹏成功与该潜在渠道客户建立了良好的沟通关系。

在渠道销售的能力范围内,可以使用的渠道触达工具是多元的。渠道销售不仅应该充分使用一切可以使用的渠道触达工具和潜在渠道客户建立联系,还应该结合渠道触达工具的特点寻找合适的链接机会,使渠道触达更自然、更高效。

③ 渠道谈判工具

渠道谈判工具主要有样机、企业和产品介绍文件、客户案例文件、用户案例文件等,使用渠道谈判工具之前,渠道销售必须根据渠道客户的实际情况进行有针对性的准备。即使是针对同一个渠道客户,面对该客户企业中不同岗位的工作人员,渠道销售都应该准备有特点的、容易形成对话的谈判工具。

渠道销售需要珍惜每一个和渠道客户进行谈判的机会,在见客户之前,做足准备。笔者认识一位销售智能硬件的渠道销售,在任何时间、任何地点,只要见客户,他一定是背着样机的,他说,背着样机见客户,才能创造客户直接体验产品的机会,

好的产品会说话，客户与产品有直接的互动后，往往会有更多的耐心去阅读文本型介绍文件，在此基础上，谈判和沟通的效率更高。渠道谈判工具形式多样，渠道销售应该充分使用可以使用的工具辅助自己高效地和客户进行谈判、沟通。

④ 渠道营销工具

渠道营销工具包括内容营销工具和活动营销工具。常见的内容营销工具有企业网站及其新媒体账号等；常见的活动营销工具为有企业产品或者企业标识的品牌活动，如广告赞助、业务赞助、行业品牌活动等。不同类型的企业，往往会根据企业的产品和服务的特点、预算情况等，为渠道销售提供不同的渠道营销工具支持，以帮助渠道销售更好地获客。

渠道销售应该充分利用企业提供的渠道营销工具，结合企业的品牌影响力进行渠道拓展，提升对渠道客户的影响力。

⑤ 渠道交易工具

对于渠道销售来说，最重要的渠道交易工具是企业的渠道合作协议，合作协议中的条款直接影响潜在渠道客户对企业合作风格的判断。在制定合作协议的过程中，企业需要参考渠道销售的意见，而不应该将制定合作协议划为法务部门的独立职责。笔者接触过一家智能硬件企业，在渠道沟通、谈判环节，该企业一直在宣传"共赢互利"，但是其合作协议中处处是对渠道客户的约束，同时，没有对等的约束企业的条款。比如，规定渠道客户违约需要支付违约金，却没有提及企业违约该如何处理。这是典型的损人利己式合约，即使拿到客户面前，也不会被认可。与其被动地修改协议、损耗工作精力，不如一开始就制定合理且客观的合作协议。

根据不同级别、不同类型的渠道客户的具体情况，设置有层次、有区别条款的合作协议是非常重要的，将有明显业务常识性问题的合作协议拿到客户面前，会给客户带去非常不好的体验，影响渠道信任的建立。

第六节 渠道拓展的六大重点工作

进行渠道拓展是渠道成交的基本前提，渠道拓展过程中，任何一项重点工作没有做好，都有可能导致拓客失败。在渠道拓展环节，有六大重点工作需要特别关注。

① 保障渠道客户的利益

渠道拓展和渠道维护的核心工作都是保障渠道客户的利益。在诸多销售形式中，渠道销售的核心逻辑是最明确的，那就是利益机制的设置和维护。无论使用多少技巧，铺垫多少工作，最终都需要通过优化核心利益机制来建立合作并保证合作的稳定。渠道销售要注意，即使渠道商对你说了100句他不在意利益，也请清醒地意识到，第101句对利益机制的关切和试探才是他最真实的诉求、最在意的事情，这是渠道商和企业合作的起点，也是渠道商和企业合作的最核心诉求。

在商言商，讲清楚利益规则，确保潜在渠道客户完全清楚地知道在未来有可能达成的合作中他可以获得怎样的收益是至关重要的事。现实中，有太多案例可以证明，渠道商通常不会把利益放在沟通的焦点语境中，但是没有一家渠道商不是为了赚钱而和企业合作。如果潜在渠道客户完全不和你谈利益，显得对你没有利益所图，不是因为你没有给他讲出真实利益诉求的机会，就是因为他根本没有认真考虑过和你合作。

② 严守渠道客户的秘密

根据渠道的能力、特点，渠道可分为业务型渠道和资源型渠道两种。不管和哪一种渠道合作，渠道销售都要做到严守渠道客户的秘密。渠道和用户之间往往有着诸多复杂关联，尤其是资源型渠道。对于渠道客户来说，很多和企业之间的合作细节，他们未必想让用户知晓，在这样的情况下，渠道销售要特别注意，在渠道业务工作开展的过程中，一定要加强对渠道客户的信息的保护。这种保护在局部、区域业务拓展中尤为重要，因为圈子越小，信息的传递路径越短。

与此同时，在和渠道的核心决策人沟通的过程中，渠道销售要特别注意对核心决策人的信息进行保护，即使是面对渠道客户的团队成员，也不能透露与核心决策人沟通和决策的细节。做好渠道客户的信息保密工作，不做有损渠道客户利益的事，是渠道工作者的基本素养。

③ 及时给渠道客户以支持

多数渠道销售接到过渠道客户提出的非常临时且需要紧急支持的需求，在某些关键节点，对渠道需求的反馈速度和支持响应效率会直接影响渠道客户对企业的信任度。渠道客户提出临时、紧急的支持需求时，往往是清楚地知道响应、支持这个需求的难度的，渠道销售应该竭尽所能地响应渠道客户的支持需求，如果确实做不到，也应该在能力范围之内予以最及时的响应并说明情况。

及时给渠道客户以支持，一方面能体现企业对渠道客户的重视，进而提升渠道客户对企业的信任度，另一方面能提升渠道合作变现的效率。渠道销售及时给渠道客户以支持，有利于和渠道客户建立背靠背的合作关系，如果渠道销售需要渠道客户做同样的协同配合，会因此具备请求基础，因为互相的信任就是在一次又一次"你若发声，我必回应"的互动中产生的。

④ 给渠道客户足够的尊重

在合作的过程中，企业及其渠道销售要给渠道客户足够的重视和尊重，这些重视和尊重，要在日常的互动和协同中体现，比如每一次互动前都做足准备、第一时间对渠道客户的问题和需求给予响应、在各类活动中给予渠道客户足够重视的安排、认真兑现每一个对渠道客户的承诺等。

很多时候，持续、稳定合作的可能性藏在合作的细节中，渠道工作是细节决定成败的工作。在工作细节中让渠道客户感受到专业和被尊重，对于提高渠道合作的成功率有着至关重要的作用。

⑤ 分担渠道客户的压力

商业江湖危机四伏，没有任何商业生态单元可以在毫无压力的情况下获得持续的利益回报。渠道客户经常面对压力和困难，比如影响终端用户进行资金规划的阻碍多、资金周转难度大、销库存压力大等。渠道销售应该主动、积极地分担渠道客户的业务压力，与其共同面对业务开展过程中的问题，在业务开展过程中，设身处地地帮渠道客户想办法，为渠道客户进行精准赋能。

没有无缘无故的爱，信任的建立往往需要经过一些人和事的打磨。渠道客户面对各种各样的挑战和压力时，如果渠道销售愿意和他们一起应对挑战、化解压力，并真正做出过相应的努力，即使结果不尽如人意，渠道客户也会提高对企业和渠道销售的信任度。

渠道工作，既考验渠道销售的专业度，又考验渠道销售的问题解决能力。分担渠道客户的压力，让渠道客户对自己和自己所在企业产生信任感，是渠道销售要做的非常重要的工作。

⑥ 和渠道客户成为利益共同体

在渠道工作中，企业和渠道客户的利益是一致的，渠道销售应该在和渠道客户互动的过程中不断强化这一理念，不断影响渠道客户建立命运共同体的意识。在日常的渠道工作中，渠道销售可以有意识地从产品、组织、工具、营销等多方面入手，和优质渠道客户进行利益绑定，帮助其解决问题，完成商机变现并实现企业的渠道业务目标。

随着渠道工作的不断深入，企业和渠道客户的互相认可应该是逐步加强的，利益也应该慢慢地深度绑定，在有共同利益诉求的基础上，企业应该和渠道客户成为利益共同体，形成市场拓展合力。企业和渠道客户的利益共同体的建立，会让企业的渠道工作效率得到稳定、持续的提升。在实际工作中，稳定的企业和渠道客户的利益共同体会为企业的渠道拓展工作带来更多的机会和可能性，不仅更有助于企业拓展新的渠道，还有可能帮助企业在合作区域形成市场壁垒，不断强化企业的渠道矩阵、市场影响力和服务深度。和渠道客户成为利益共同体是企业进行渠道拓展的核心目标之一，这种利益共同体网络是企业的宝贵战略资产，也是企业在行业中参与业务竞争的底气。

第七节 渠道客户拓展模型

渠道拓展工作是从量变到质变的工作，是渠道工作的基础。在渠道拓展过程中，渠道销售应该有全局思维，不要把渠道拓展工作作为个人的单项工作，而要把渠道拓展工作放在组织维度中思考和考量。与此同时，企业需要建立渠道拓展业务指导模型，提升渠道销售团队的整体工作能力和目标实现能力，在质的层面提升渠道拓展效率，进而带来渠道拓展数量和质量的飞跃。

渠道拓展工作是系统性工作，组织内外形成合力，才能够推动业务数据完成从量变到质变的转变。这要求渠道销售扎实精进渠道拓展基本功，同时，企业切实提升渠道影响力。企业的渠道客户拓展模型强调协同，强调渠道服务能力和商机变现服务能力的全面提升，而不是让渠道销售独立于企业，独自工作。

不同行业的渠道有不同特点，基于此，渠道拓展的具体工作路径是有差异的。不过，在普适的方法上，可以找到一些共通之处。渠道客户拓展模型如图4-1所示。

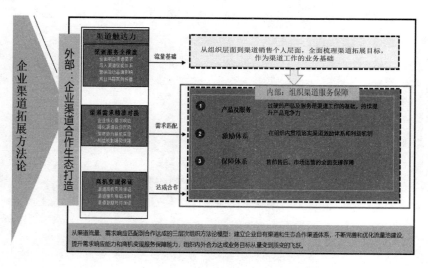

图 4-1　渠道客户拓展模型

渠道客户拓展模型对初创企业及新布局 ToB 业务的企业具有极强的指导意义，渠道业务的组织内外部布局，成本的评估，渠道的拓展、需求对接和商机变现等工作都需要有序开展，有章可循。

实战微案例

做渠道工作得有真本事，没有成效，再好的方法也是"花架子"

渠道销售老孟就职于一家教育信息化软件公司，在推行渠道业务模式之前，公司的主要商业模式为直客模式（公司依托品牌影响力直接触达用户的商业模式）。老孟入职之前，公司没有渠道业务人员和协同人员基础，公司请老孟从 0 到 1 搭建渠道业务队伍。

老孟按照行业内做渠道业务的常见模式对组织进行各维度梳理和规划，包括产品和服务渠道价格梳理、组织招聘规划、渠道机制建设等。老孟根据公司过往案例分析，对有案例、有基础客情的区域进行优先拓展；参考公司战略、组织基础情况和商机分布情况，先制定渠道业务基础目标，再对基础目标进行区域化和时间拆解，拆解成具体的行动计划；以目标为导向，一边实践，一边修正，不断完善渠道策略。

在梳理和完善公司的渠道业务模式的同时，老孟对行业渠道进行了深入调研，确定了第一版渠道画像，并在业务开展过程中不断提升渠道画像的精准度。确定渠道画像之后，老孟带着团队，通过组织线上、线下的渠道营销和拓展活动，进行重点区域拓展；通过组织行业交流沙龙、案例学校学习交流等活动，进行渠道拓展和激活。在筛选渠道的过程中，老孟明确了渠道合作重点：销售型渠道和产品型渠道并举，寻求与高质量的战略合作伙伴合作，提升公司的品牌影响力。

随后，老孟多次和公司核心部门的负责人开会讨论，对产品和服务的价格进行了系统梳理和层级设置，制定了具有行业竞争力的渠道赋能制度和培训计划，并将相关工作任务分解到了公司的季度任务中。

此外，老孟还做了很多工作——在日常渠道赋能工作中策划有影响力的行业内市场活动，提升渠道的触达广度和深度；依托共建案例推动区域深度合作，绑定核心渠道，建立利益共同体；在和优质渠道合作的过程中，进行精准的渠道赋能，培养种子渠道客户，为持续的渠道成交夯实基础……老孟提出的精准的渠道赋能策略包括充分调动公司的品牌资源、市场资源和组织资源，为渠道提供赋能保障和成交保障，保证渠道对用户的产品、服务交付质量合格，提升渠道的合作信心，建立稳固的优质渠道合作利益共同体等。

在进行渠道业务从 0 到 1 的布局过程中，老孟制定了以目标实现为导向的预算制度，同时进行了人力制度梳理，建立了有竞争力的渠道销售激励绩效体系和组织协同人员向渠道目标看齐的绩效绑定制度，真正形成了渠道服务组织合力。在渠道业务拓展前期对绩效导向进行设置、对渠道业务战略目标进行制定，能够将战略目标解码到各部门的工作行动计划中去，成为各部门的日常工作目标，保证对渠道业务的协同支持可以及时、高效地实现。

老孟的老板在年度目标复盘会上对老孟和其团队的工作给予了充分肯定和感谢，他说："渠道业务模式对我们来说是全新的业务模式，老孟带着团队有章法、有节奏地把渠道业务做了起来，非常值得敬佩。未来，我们会继续加大对渠道业务团队的支持。"

老孟说："做渠道工作，得有真本事，把事做扎实，要有章法、有体系，做出成绩。做不出成绩，再好的方法也是'花架子'。只有做出成绩，才能获得领导和团队的信任，争取更多的组织资源。"

第八节
案例——万名渠道总监社群是怎样拓展的

本案例是一个社群拓展案例，虽然不是企业案例，但是可以为企业渠道拓展的打法和路径提供参考。渠道拓展的方法从来没有标准答案，只要参透行业本质，洞察目标客户的核心需求，就可以创造无限可能。案例社群是先从 0 到 1，再从 1 到 10000 这样指数级发展的，案例社群的画像信息见表 4-1。

表 4-1 案例社群画像信息

项目	情况
规模	1 万多人
成员构成	ToB 业务在职渠道总监
销售模式	资源对接（公益）
产品类型	资源信息和产品信息
成立时间	超过 1 年半
品牌影响力	顶级
发展阶段	飞速发展中

这个由上万名渠道总监组成的社群是一群渠道工作经历平均为 10 年的渠道总监级别的资深渠道工作者在两年时间内自发组织的。上万名渠道总监意味着什么？意味着通过这个社群，可以触达国内任何一家成规模的企业的渠道总监，进而链接这个企业的客户和用户。这种链接所产生的势能和影响力是神话级别的。

本章以该社群为案例，主要是希望该社群的拓展路径和理念可以成为读者的另一个视角的参考样本。在中国做 ToB 业务，有常规的打法可以遵循，这是没有问题的，但是渠道销售也应该有创新思维，尤其是在渠道拓展阶段。在流量为王、信息制胜的时代，渠道拓展的方式是多元的，作为渠道销售，应该在尊重常识的基础上敢于突破。

① 社群的拓展思路

社群的拓展思路和企业的渠道建设思路是相通的，即有舍取、知进退。"有舍取"在"知进退"之前，"舍"在"取"之前。"舍"在"取"之前，意味着要先思考自己可以为社群/渠道贡献什么，再思考自己要从社群/渠道中获得什么；"有舍取"在"知进退"之前，意味着要先明确价值交换的基本原则，再制定交互规则和互动关系策略。案例社群的成员拓展逻辑中蕴藏着渠道工作的核心价值主张：服务是基础；创造价值是前提；获益是顺势而为，是价值创造之后的回报。这也是本书倡导的渠道工作的核心价值主张之一，即价值观决定行为方式。渠道销售应当有"先创造价值，再顺势获益"的价值观，这价值观背后是自信、是利他、是共赢。

② 社群的核心价值

案例社群的核心价值之一是经济价值，渠道的核心价值之一也是经济价值。渠道建设之所以重要，而且在中国的商业模式中越来越重要，是因为渠道力从根本上说是一种影响力。企业的渠道体系的优劣会直接影响其产品和服务在行业中的传播力和变现力，因此，经济价值不仅是渠道的核心价值之一，还是渠道的根本价值，没有经济价值的渠道是没有生命力的。

案例社群有一个通讯录，实名登记着上万名渠道总监的真实姓名、职位、所在企业、电话。笔者接到过好几个来自该社群成员的电话，探讨业务合作的可能性。在信息爆炸的时代，我们经常接到陌生人打来的电话，大部分陌生人打来的电话会被我们归为"骚扰电话"，接到这样的电话后，我们往往会毫不犹豫地挂断电话。而当"陌生人"是熟悉的社群的成员时，沟通通常是可以顺利进行的，且大多会有一个合理的结束。

案例社群的核心价值之二是社交价值，渠道同理。渠道工作本质上是一种社交行为，优秀的渠道销售一定有自己的"铁粉"客户，其关系的建立基于基础的合作需要，随后会在合作过程中慢慢形成牢靠的、可以同进退的"盟友关系"。中国是礼仪之邦，渠道工作是具有"礼尚往来"特点的工作之一。在渠道的经济价值尚未显现时，企业应该建立具有社交价值的渠道体系。

基于商业价值交换的潜在可能，案例社群逐步建立。该社群有几百个群，每个群都有一个在职的、渠道总监级别的群主，开放、共赢的基础原则支撑着该社群飞速扩张，同时有规则地运行。由此可见，对于社交价值的实现来说，原则的明确非常重要。

案例社群的核心价值之三是情绪价值，渠道同理。具备了经济价值和社交价值之后，情绪价值会让社群/渠道的黏性更大。

③ 社群的飞速拓展

社群的定位是平台，倡导大家互相服务、互相链接，只要遵守社群的基本原则，符合渠道总监及以上职位这一身份要求，就可以在社群平台上发育自己的单元社群，这种开放和共享的发展规则是被高度认可的。

在已达成共识的规则的指导下，大家会按照规则做事，当所有人都会自觉按照规则做事时，社群就会拥有巨大的势能。在这样的势能基础上，每一个加入社群的人，都能获得社群的赋能和背书，扩大业务信息的获取量，缩短业务达成的路径。规则的制定需要在洞察组织的价值主张和成员的价值诉求的基础上完成，找到两者的平衡点后，可以遵守规则的人就留在社群中，不能遵守规则的人就被社群毫不犹豫地剔除，如此一来，规则的公信力会得到极大的强化。大家都在遵守规则的基础上进行互动时，巨大的势能便会被激发。

作为企业，如何通过渠道体系建设让渠道客户成为自己的"盟友"，在遵守企业制定的规则的情况下产生经济价值、社交价值和情绪价值呢？案例社群的发展能够提供非常多的启发点。

本章教练助手

1

您所在企业的渠道客户流失率是多少？造成渠道客户流失的原因主要有哪些？

_____

_____

_____

Tips 很多企业会认真制定渠道拓展指标，但并不会认真分析渠道客户流失的原因，殊不知，渠道客户流失的原因能够更直观地反映企业需要在渠道拓展过程中补足的短板。如果不对渠道客户的流失率及流失原因加以关注，历尽千辛万苦拓展的渠道客户频繁流失，会造成极大的资源浪费。

2

您所在企业有明确的、固定的渠道客户意见反馈通道吗？

_____

_____

_____

Tips 把渠道服务落实到客户拓展和客户服务的核心环节中去，打通渠道客户意见反馈通道，是企业优化渠道工作流程时需要关注的要点之一。

3

您所在企业的渠道拓展成绩在行业里处于什么水平？您认为其渠道拓展工作有哪些优点和不足？

_____
_____
_____

Tips 在渠道工作的每个环节中，都要重视和竞争对手企业的对比，取长补短，不断提高渠道拓展的效率和行业竞争力。超越了竞争对手企业，就成功了一半。

4

您和您的核心渠道客户共渡过危机吗？

_____
_____
_____

Tips 虽然渠道是趋利的，但是人是有情感的，作为渠道工作者，要把渠道客户的困难当作自己的困难，一起克服过困难的情谊更加稳固。与此同时，愿意与渠道客户共渡危机，能够体现企业的渠道服务价值导向。

第五章 渠道赋能之道——赋予渠道获得感和安全感

大道至简，最棘手的问题，往往可以使用最简单的方法解决。渠道赋能的核心要点是赋予渠道获得感和安全感，那么，如何赋予渠道足够的获得感和安全感呢？本章来讨论与之相关的问题。

第一节
渠道需求的洞察

> 远使之而观其忠，
> 近使之而观其敬，
> 烦使之而观其能，
> 卒然问焉而观其知，
> 急与之期而观其信，
> 委之以财而观其仁，
> 告之以危而观其节，
> 醉之以酒而观其侧，
> 杂之以处而观其色。
>
> ——《杂篇·列御寇》

渠道工作是和人打交道的工作，渠道工作中的沟通工作不仅是简单的语言沟通，还需要察其言，观其色，而后探其虚实。渠道工作的开展是建立在对渠道的需求和对人性的洞察之上的，这样，才能高效、精准地完成信息获取。在洞察渠道需求之前，渠道销售要对渠道有基本的判断，根据渠道体量、渠道业务能力、渠道影响力和渠道在行业中的合作情况进行综合调研和判断，进而有策略、有层次地进行需求沟通。

在实际工作中，对渠道需求的洞察通常包括对渠道产品及服务需求的洞察、对渠道经济利益需求的洞察、对渠道品牌资源需求的洞察，以及对渠道赋能体系需求的洞察。

① 产品及服务需求洞察

对渠道的产品及服务需求的洞察是和渠道建立有效互动的前提。企业的产品及服务与渠道需求匹配是双方合作的基础。为渠道商推荐合适的产品及服务，并用案例和强有力的论据打动渠道商，让其认可该产品及服务是最优选择，这是每名渠道销售都应该具备的能力。在实际工作中，很多渠道销售不清楚渠道究竟需要什么样的产品及服务，或即使清楚这一点，也讲不好自己的产品及服务的价值，这样是打动不了渠道商的。举个例子，渠道销售不应该向需要鼠标的人推荐电脑，即使对方用了大量的时间聊与电脑有关的事情，渠道销售得讲清楚为什么自己的鼠标是最适合对方的、自己的鼠标有什么不可替代的竞争优势，并尽量在满足对方的期待的基础上，努力提供一些对方预期之外的价值。在实际工作中，搞不清楚渠道商究竟是需要鼠标还是需要电脑的渠道销售大有人在，对自己所推销的鼠标并不了解的渠道销售也大有人在，这是企业必须重视的问题。在产品及服务需求洞察阶段，渠道销售通常需要在完成标准工作的基础上与渠道商进行有针对性的沟通、确认。产品及服务需求沟通的常用物料见表 5-1。

表 5-1 产品及服务需求沟通的常用物料

序号	物料名称
1	企业介绍（根据渠道情况进行有针对性的准备） 企业资质、荣誉、专利、团队
2	产品及服务介绍 企业有什么产品及服务，和竞争对手企业相比的核心价值和优势是什么
3	过往成功案例 核心产品及服务的渠道合作优秀案例（若暂无成功案例，则强调渠道共建阶段的优秀案例，强调支持体系）
4	视频资料 直观的、具有影响力的产品及服务视频资料（不宜过长）

续表

序号	物料名称
5	样机 产品型企业，在产品及服务沟通初期，必须带样机见渠道商，或邀请渠道商参观展厅

在产品及服务需求沟通的物料准备阶段，渠道销售需要有针对性地准备物料，文件类物料不宜冗长，要确保文件的内容是渠道商看得进去、看得懂的，切忌千篇一律。另外，样机的展示和样板间／展厅的体验非常重要，这些物品或场景通常会给渠道商最直接的冲击。渠道商直观了解了企业的产品、服务和竞争优势后，往往能更清晰地表达自己的产品及服务需求。

确保渠道商了解企业的产品、服务和有可能的合作场景之后，渠道销售要通过有针对性的沟通和引导，明确渠道商的产品与服务需求。在实际工作中，很多渠道销售进行的是大水漫灌式沟通，这样低效或者无效的产品及服务沟通是无法形成有效的信息传递的，即无法帮助渠道商高效了解企业的产品及服务的核心价值。

实战微案例

渠道合作就像夫妻过日子，沟通不畅，走着走着就散了

渠道销售管理者老马就职于一家电子票证服务企业，有一次出差到某地，顺便拜访了当地的渠道客户。该渠道客户在当地有着较为优质的区域资源，是合作型渠道客户。

老马和该渠道客户沟通时发现，该渠道客户曾经有一个商机，是百万量级的项目，但触达商机时，他不够了解老马所在企业已迭代的产品及服务，错误地认为老马所在企业提供不了相关支持，竟直接放弃了这个商机。

回到企业后，老马对团队成员分享了自己的感受："我要检讨自己工作中的

不足——没有足够重视客户服务过程，没有及时捕捉到客户拥有的商机及其所需要的支持。我希望大家以此为戒。如果我们无法在过程中有效地捕捉客户需求并及时给予最好的服务，凭什么期待拥有最好的结果呢？"后来，老马在企业内推动完善了过程需求的主动寻访和产品及服务迭代情况的定期培训等工作流程，确保渠道销售可以及时、有效地捕捉客户需求并进行服务。

老马说："渠道合作，就像夫妻过日子，如果没有有效的沟通机制，大家不交流，不知道彼此在干什么，走着走着就散了。"

定期迭代产品及服务，不断完善场景案例和合作案例，并定期为渠道客户培训赋能，以确保渠道客户在了解企业的产品及服务的基础上与企业进行合作，这是对渠道产品及服务需求进行洞察的第一步。先确保渠道客户充分了解企业的产品及服务，再通过案例分析、区域市场分析和商机分析帮助渠道客户明确需求，可以创造更多的合作机会。

② 经济利益需求洞察

完成对渠道的产品及服务需求洞察后，渠道销售最重要的工作是洞察渠道的经济利益需求，判断渠道商的整体实力和商机潜力，为渠道商进行合理定级，以保证应用合适的利益机制与渠道商合作。对渠道经济利益需求的反馈，是在彼此了解和评估后产生的。

对于企业来说，渠道客户分为项目型渠道客户、资源型渠道客户、合作型渠道客户和战略型渠道客户。企业对潜在渠道客户进行分级时，需要结合自身的品牌影响力、产品及服务市场覆盖率、行业情况等进行综合考量。通常，渠道商类型不同，展现出的利益诉求程度也不同。针对利益诉求程度，常见的排序是项目型渠道商 < 资源型渠道商 < 合作型渠道商 < 战略型渠道商。即使是初创企业，建立渠道系统之初，也要将利益机制设置放在思考框架内，因为渠道利益机制设置及优化是一个系统性、长期性工作。建议企业结合企业利润率要求、市场拓展难度和渠道商类别进行利益机制的设置和匹配。

渠道销售必须清楚地知道一件事情，那就是渠道商与企业合作的最核心目的是赚钱。因此，渠道商的经济利益需求是企业必须响应和满足的核心需求。渠道利益机制的设置是基于企业的产品、服务、市场和价格策略进行的，渠道销售的变通权限不大，对于渠道销售来说，更有效的努力是提高自己的商务沟通技巧——通过商务沟通和谈判，让渠道商清楚地知道合作需要付出哪些成本，能够获得哪些利益，以及利益会以怎样的方式兑现。

实际工作中，经常有渠道销售被渠道商牵着鼻子走，因为未能及时识别渠道商释放的关于利益机制谈判的主动或被动的信号而错过谈判的最佳时机，无法在宝贵的商务谈判环节有效地传递具有竞争力的企业利益机制相关信息。这一现象，值得企业高度关注。

在设置利益机制的时候，企业需要进行双向思考和研判。无论是从企业的利润角度出发，还是从渠道商的利益角度出发，都应该明确利益机制中的收益情况和成本情况，因为实际利益的获得与收益和成本相关。

③ 品牌资源需求洞察

渠道的品牌资源需求通常表现为渠道对企业的品牌营销活动赋能力度、企业可以为渠道带来的品牌赋能及行业品牌资源赋能的要求。ToB 业务的推进需要影响力，渠道商大多仅在其特定的能力范围内有影响力，想要提高影响力以获取更加多元的回报和利益空间，渠道商往往需要合作企业给予品牌赋能。

洞察渠道的品牌资源需求通常可以为企业创造"互利共赢"的谈判机会，渠道销售应该充分引导渠道商，提高其对企业品牌实力和品牌赋能能力的关注。

④ 赋能体系需求洞察

企业的赋能体系是其渠道客户安全感的重要来源。渠道销售应该努力在商务沟通环节和需求洞察环节识别渠道商对于赋能体系的需求，并做出及时响应和有效回应。

通常，渠道商的关注点在于为了实现共同的商务目标，企业能够在账期、培训、售前、售后、营销活动、团队赋能等维度提供哪些赋能支持。渠道销售需要对渠道商的需求进行洞察和排序，为渠道商提供系统、全面的赋能体系介绍。在介绍过程中，渠道销售要不断强调企业的赋能要点，突出企业影响成交、和竞争对手企业相比的优势，以引起渠道商的合作兴趣，提升渠道商的合作意愿。

第二节 渠道的利益分配机制设置

在和渠道商的互动过程中，渠道销售应该把所有和金钱有关的利益机制交代清楚，不要遗漏任何细节。企业和渠道商的冲突往往和企业的利益机制有关，渠道销售确保渠道商彻底了解企业的利益机制，可以有效地避免后续的合作纠纷和冲突。一般情况下，和渠道利益分配相关的机制包括以下 6 个部分。

① 定价

渠道业务中有 3 种常见的定价方法，分别为成本定价法、竞争格局定价法和战略驱动定价法。

ToB 企业中最常见的定价方法是成本定价法，即根据企业的产品及服务成本，在保证实现企业的利润目标的前提下设置渠道价格体系。这一定价逻辑的特点是，在成本层面，企业的历史性成本和持续性成本都需要得到合理的考虑，同时需要考虑企业的品牌溢价；在利润层面，需要考虑企业的产品利润要求和战略利润要求。

竞争格局定价法也是常见的企业定价方法之一，即企业根据市场竞争格局和竞争对手企业的定价情况，在保证竞争力的前提下进行渠道定价。这种定价方法通常无法客观地反映企业的成本利润结构，如此定价，会倒逼企业进行相应的成本优化或者调整——若定价明显无法满足企业的利润要求，那么企业需要进行成本结构优化，以保证企业财务的良性发展；若定价可以为企业提供较大的利润空间，那么企业可以对自己的成本利润结构进行分析和调整，提升产品及服务的相关投入，进而提升企业产品及服务的竞争力。

第三种定价方法是战略驱动定价法，即根据企业 3~5 年的战略规划，综合考虑企业的市场占有率和新老产品规划进行定价。这种定价方法的使用频率不高，也会因不同企业各有特点而灵活多变。

在实际工作中,往往以其中一种定价方法为基础,综合另外两种定价方法辅助评估,形成最终定价。在产品定价的基础上,企业会进行渠道定价设置和渠道定价体系分级,按照不同渠道的不同需要,确定核心渠道报价、一般渠道报价、渠道保护报价和市场报价。核心渠道报价是企业基于对渠道商的评估,给渠道商的最低报价;一般渠道报价是核心渠道商拓展经销商以及企业进行普通渠道代理拓展的报价;渠道保护报价是在实际工作中,企业对市场上的陌生渠道的报价;市场报价则是企业针对市场终端用户的指导报价(有时以区间形式出现)。

企业会针对不同渠道,给予不同级别的渠道报价。渠道销售需要在明确渠道需求之后,与对应的渠道商进行沟通。

② 返利

渠道返利,是基于渠道目标实现的现金型激励机制,针对不同类型、层级的渠道,企业给予的返利机制和力度不尽相同。无论如何,返利政策都需要在企业与渠道客户的合作协议中明确说明,且确定有效时间周期、兑现方式和兑现周期。通常,企业和战略型渠道、合作型渠道合作会涉及返利机制,因为和这两类渠道的合作是有稳定的合作周期的,与此不同的是,企业与项目型渠道和资源型渠道的合作是围绕具体的项目和商机开展的,在返利机制上可以进行灵活设置,达到不破坏渠道整体利益机制且提升渠道合作的积极性和持续性的效果即可。

③ 账期

渠道销售经常遇到账期相关问题,账期的设置和渠道利益机制息息相关。ToB业务的渠道型业务单额往往较大,渠道有可能经常面对资金周转压力,企业根据项目和渠道的需要,严谨评估后进行账期机制的优化设置对渠道来说是有激励作用的。账期设置需要充分评估渠道的整体实力、账期风险和利润产出比。

虽然账期机制的优化设置是渠道激励的手段之一,但是在 ToB 业务中,账期机制的优化设置并不是必需的。渠道需要有一定的垫资能力，这也是渠道筛选过程中，企业考评渠道市场能力和资金能力的重要因素之一。

④ 项目/区域保护

在渠道业务开展过程中，企业需要给战略型渠道客户和合作型渠道客户一定的项目保护和区域保护。ToB 业务的渠道成交往往有一定的周期，对渠道客户的项目和业务区域进行保护，可以让渠道客户在所涉及的合作项目中的合作区域内没有顾虑地、安全感满满地开展业务。

通常，渠道客户的类型不同，企业给予保护的时间周期和区域范围也不同，不过，针对同一类型的渠道客户，企业给予保护的时间周期和区域范围规定应该是一致的，以保证政策的公平性和持续性。

⑤ 渠道惩罚

渠道管理包括对渠道惩罚机制的设置。渠道惩罚机制通常包括渠道降级和渠道淘汰。对不符合条件的渠道进行惩罚是对符合条件的优质渠道的反向激励。

通常，是否进行渠道降级是由渠道目标的实现情况决定的。渠道无法实现企业给予的业务目标，就会被降级，降级，意味着商业利益减少。渠道降级是较为常见的渠道惩罚措施，因此，对于业务目标，需要有明确的约定措施。

淘汰机制，通常对连续无法实现业务目标或者有重大商业违约行为的渠道生效。渠道体系的规范运营管理需要规则的约束，规则是企业公平性的体现。淘汰有重大问题的渠道，是企业对其品牌权威性和渠道公平性的保护。渠道淘汰机制，需要在企业和渠道的合作协议中有明确的说明，启动淘汰机制，需要企业进行严谨、综合的评估，慎重执行。

⑥ 备货要求

企业对渠道提出的备货要求决定了渠道的准入门槛和渠道需要承担的压力。

人的本性是回避压力的，愿意备货，代表渠道有合作诚意，而备多少货、企业如何帮助渠道消化库存货物等，是渠道在利益保障层面的核心关注点之一。

企业应该结合经济形势、市场状况、区域情况、渠道实力等，综合考虑对渠道提出的备货要求。制定备货策略时，要有差异、有层次，不能一刀切，也不能没章法。一方面，要让渠道有压力，另一方面，要确保备货压力在渠道可以承受的范围内。

第三节 渠道的全流程赋能体系设置

企业推进渠道工作的整体思路是根据企业情况和市场目标，按行业和区域进行分解，以目标为导向进行渠道商的选取和签约，逐步实现渠道的覆盖和销售任务的完成。将年度销售任务分解为渠道任务后，企业即可进行渠道全流程赋能体系设置。渠道全流程赋能体系包括以终为始的赋能目标管理、要事优先的赋能流程管理、平等客观的赋能服务管理。企业的渠道全流程赋能体系需要结合渠道特点和市场情况进行设置，可以真实地反映企业的市场力、产品力和组织力。

① 品牌赋能/市场营销

品牌赋能通常表现在企业的市场营销活动中。企业的品牌赋能能力的级别决定了企业可以影响的渠道的级别和层次。在品牌赋能体系中，企业需要依托企业品牌、市场影响力、落地案例等，提升产品及品牌的市场知名度和曝光度，进而提升渠道客户的合作信心和区域项目影响力。

与此同时，企业应该以线下、线上形式定期举办市场和产品培训活动，帮助渠道客户了解行业市场发展情况和企业产品、服务的更新动态，和渠道客户一起成长，不断赋能渠道客户，提升其服务能力和水平。

一般，渠道体系较为成熟的企业会有周期性的、稳定的市场活动，用以支持和帮助渠道客户开展工作。另外，在重要的高层次商务拓客营销活动中给渠道客户以现场支持或品牌身份支持，也是企业比较常用的赋能方法。

② 样机政策/共建案例

如果渠道客户的优势区域是企业的产品及服务相对空白且市场需求较高的区域，企业应该加快制定、完善、优化样机和样板案例共建的激励政策。以样机和样板案例支持为产品销售第一阶段的核心任务，既能够增强渠道客户对企业的信心，又有助于提高企业的市场拓展效率。

通常，样机与样板案例支持适用于与战略型渠道客户合作，其本质是企业以低于正常利润水平的价格支持渠道客户，在其负责的行业和区域进行影响力建设和营销力提升。

③ 价格保护 / 区域保护

价格保护和区域保护都是企业对战略合作渠道的激励赋能承诺。通过价格保护和区域保护，在特定时间、区域或者行业对战略合作渠道进行风险防控和商机保护，是企业对渠道客户进行赋能激励的主要方法之一。价格保护和区域保护以渠道客户可以在规定时间内实现业务目标为前提。在实际工作中，在匹配的渠道合作体系中给渠道客户以价格保护和区域保护，对于提高渠道客户对企业的信任度、忠诚度有明显的效果。

价格保护和区域保护是企业对渠道客户进行利益承诺的重要手段。在策划和执行的过程中，企业应该在已进行了充分论证，并对渠道客户的能力进行了客观评估和考察后给予相关保护。企业要确保自己的价格保护和区域保护给的是确实可以与企业进行稳定的、高质量的合作的渠道客户，否则，此举会为企业的业绩实现、区域市场开发效率及区域市场秩序带来负面的影响。

④ 返利政策

返利政策是常见的基于目标实现而实施的激励政策。返利政策的实施一般不受渠道层次的限制，对于任何层次的渠道客户，企业都可以在其实现既定业务目标之后给予返利，从而提升渠道客户的终值体验，继续进行新的合作。

制定返利政策时，企业需要特别注意兼顾渠道公平、市场公平和投入产出比。所谓渠道公平，即对于同一层次、同一类别的渠道客户，应该实施统一的返利政策，不能"会哭的孩子有奶喝"，哪家渠道客户要优惠要得勤就将返利给哪家渠道客户，也不能因为哪家渠道客户没有特别多的要求，就在优化返利政策时忽视他们。所谓市场公平，即应该在特定的区域实施统一的返利政策，这对维护区域市场秩序来说至关重要。所谓兼顾投入产出比，即在制定返利政策时，企业要确保无论组织、供应链或者市场出现任何波动和变化，自己都不会因为返利政策的实施而有所亏损，或者因为返利政策的实施而无法实现既定的利润率目标。

⑤ 组织赋能

企业为渠道客户提供组织维度的售前、售后、财务、市场营销等各环节的组织赋能是企业进行渠道赋能的重要环节之一，直接影响渠道客户对企业专业度的评估，也直接影响渠道客户对未来成交达成的信心。

关于组织赋能的重要性，本书已经进行过非常全面的介绍，此处不再赘述。仅强调一点，即企业需要将渠道赋能体系真正融入组织的协同体系，因为一旦达成合作，企业和渠道的互动就不再是渠道销售的个人行为，而是组织行为，任何一个部门未能提供专业、合格的保障支持，都有可能导致渠道客户不满意，进而影响渠道成交和渠道合作的稳定性。

第四节 渠道赋能的核心要点

在渠道赋能机制的设置过程中,需要特别注意的核心要点有赋能政策的市场竞争力、赋能政策的稳定性、赋能政策的公平性、赋能政策的明确性。

① 赋能政策的市场竞争力

企业的赋能政策要有市场竞争力,这并不是要求企业在赋能政策上样样比竞争对手企业强,只要保证有一个关键政策比竞争对手企业更具吸引力即可。拼不过品牌就拼价格,拼不过价格就拼产品及服务的独特价值,再拼不过,还可以拼售前、售后的保障体系,如果核心要素都拼不过竞争对手企业,可以拼赋能服务的精细度。企业不要指望渠道销售拿着完全没有市场竞争力的赋能政策去和竞争对手企业竞争并获胜,毕竟巧妇难为无米之炊。

② 赋能政策的稳定性

企业制定渠道赋能政策后,切忌朝令夕改,因为在商业活动中,最基本的准则是有契约精神。一旦承诺了渠道客户,不管是口头承诺还是签订协议,都不应该轻易更改,至少在一个成交周期内不能更改。

实战微案例

总监换了,给客户的承诺就不认了

渠道销售小吴就职于一家 SaaS 解决方案提供企业。企业的原渠道总监辞职后,新任渠道总监对前任渠道总监的渠道优惠政策不予承认,以供应链硬件涨价为由拒绝履行之前的价格约定,压缩了小吴的渠道客户的商机开发利润空间。渠道客户非常生气,找小吴理论,抱怨道:"我们为项目忙活了一年了,你们换了个领导,之前的政策就不认了?我们虽然没有把价格约定写在合同里,但是已经达成了共识,当时,那个渠道总监是代表企业与我们约定的吧?在快要成交的时候涨价,这不是耍无赖吗?"

小吴周旋在渠道客户和新任渠道总监之间,努力调停未果,最终未能履行前期价格约定。该渠道客户虽然未毁约,但是这次项目结束之后,立刻和企业解除了合作关系,投奔了竞争对手企业。

小吴非常郁闷,新官上任三把火,新任渠道总监坚持改变渠道优惠政策,他也没有办法。小吴说:"发生这种事情,确实非常难受。这种操作,肯定会降低渠道客户对企业的信任度。"

渠道政策要有稳定性是指在渠道客户的成交周期内,渠道政策不应该受组织变动、成本变化等因素的影响。即使尚没有产生成交,渠道客户已经按照约定的价格去推动业务工作了,如果因为企业单方面的原因改变合作条款,比如价格、产品参数等,渠道客户的利益会有不同程度的损失。

③ 赋能政策的公平性

对待同一层级的渠道客户,企业给予的渠道政策应该是一致的,尤其是在渠道客户在同一区域内推动业务工作的情况下。在实际工作中,部分中小型企业的渠道政策是比较混乱的,来往交流比较频繁的渠道客户往往有更多的机会获得企业的支持。

在渠道赋能政策的制定和实施过程中,同级别、性质的渠道客户得到的核心赋能政策应该是一致的,包括价格、产品内容等。渠道培训等并不与渠道客户切身利益密切相关的政策可以稍有差异,但是渠道销售也应该做好同级别、性质的渠道客户的沟通工作,主动询问他们是不是需要相关服务。

④ 赋能政策的明确性

通常,渠道政策应该对渠道和企业互相承诺的责任和义务有明确规定,不应该保留"灰度"条款，不应该留白。

在实际工作中，部分企业会利用信息差，在与并不是很了解行业的渠道客户签订协议时对部分渠道激励条款进行表述留白处理，以期在利益兑现环节有一些缓冲余地，比如调整账期、返利等。这样操作是得不偿失的，因为明确的赋能政策可以促使潜在渠道客户对未来的合作产生主动性，唤起这种主动性才是制定赋能政策的核心出发点。

第五节
案例——某上市企业的渠道赋能案例

案例企业是一家在深圳证券交易所主板上市的人工智能企业，企业员工有1万多人，年营业额为200亿元左右。案例企业的业务涉及医疗、司法、教育、数字政府、智慧金融、汽车智能等板块，产品包括ToB业务产品及TOC业务产品。案例企业的核心画像信息见表5-2。

表5-2 案例企业核心画像信息

项目	情况
人员规模	1万多人
年营业额	200亿元左右
销售模式	渠道为主，直客为辅
产品类型	AI全行业解决方案
平均客单价（终端用户价）	100万元左右
成立时间	超过10年
品牌影响力	行业顶级
产品市场占有率	行业顶级
渠道价格体系竞争力	行业上游
发展阶段	稳定发展中（上市公司，千亿级市值）

在ToB业务板块，该企业的渠道体系包括内部自营渠道（自身为区域全资营销性质的企业）、合作渠道（各区域的外部渠道）、产品生态渠道（同行业合作产品生态渠道）。这3类渠道，让案例企业的渠道体系覆盖全国。在渠道赋能层面，案例企业根据渠道类型，对不同的渠道进行了有针对性的赋能。

案例企业的品牌有极强的溢价能力，因此，在市场上，案例企业有非常多的优质、稳定合作的渠道客户，核心渠道客户均为战略型渠道客户和合作型渠道客户。在渠道拓展阶段，案例企业有极强的影响力。在渠道赋能阶段，案例企业的主要策略是和优质的渠道客户深度合作，赋能区域用户，帮助渠道客户提升规模化变现效率。

现以案例企业 ToB 业务模块的渠道布局为例，进行分享和讨论。

① 自营渠道深耕区域市场

案例企业有自营渠道，在各区域深耕区域渠道客户赋能和用户售后服务。具体而言，各区域的自营渠道会在各区域建设区域企业展厅，根据所在地的特色需求和市场情况，进行业务开展和用户服务。

笔者曾有幸参与案例企业某区域的业务复盘会，深受震撼。

在业务复盘会上，案例企业的区域渠道工作者可以说出上百家区域用户的精细化运营情况，对用户的当前需求、潜在需求、运营风险把控等情况了解得非常细致，可以看出，他们和用户之间有着紧密的互动关系和信任关系。可以说，该区域市场，只要有预算、有需求，该企业的渠道销售可以第一时间捕获并响应。竞争对手企业想要抢夺该区域市场基本上是不可能的，因为该企业已经对该区域的高层决策者、中层执行者和基层使用者进行了全方位的服务和赋能，砌成了极坚固的竞争壁垒。与此同时，该企业做好了该区域的渠道客户服务工作，并给核心渠道客户提供了品牌赋能，做好了业务开展边界的沟通，与渠道客户形成了合力，共同深耕着区域市场。在该区域，案例企业和渠道客户在资源挖掘、公关服务等各环节形成了能力互补合力，显著提升了区域业务的成交效率。

距笔者参加该企业的区域业务复盘会已经过去了 5 年，这个案例依然是笔者用于和诸多渠道总监交流的案例，且案例成果被笔者用作招聘区域渠道销售时为其树立的业务目标。对于企业的自营渠道来说，深耕区域，扎扎实实地做好渠道的拓展和用户的精细化服务是工作基础。

② 对合作渠道进行全面赋能

案例企业与渠道客户合作的特点是完成优质渠道客户筛选后，会进行品牌赋能、价格保护、渠道培训、优秀渠道表彰等重要激励、赋能制度的制定和执行。

面向符合条件的 G/B 端渠道客户，案例企业推出了包括但不限于一套样机、一次培训、一个项目、一场活动的系统化激励、赋能制度。符合"一套样机"条件的 G/B 端渠道客户，通过成功报备商机，可免费申请与该商机对应的 1 套样机，每种样机只可申请 1 次；符合"一次培训"条件的 G/B 端渠道客户，通过成功报备商机，可免费申请 1 次产品培训，包括产品讲解、演示操作、策略解读等，案例企业在渠道客户申请后一周内响应；符合"一个项目"条件的 G/B 端渠道客户，案例企业为其成功报备的商机项目提供全程带教支持，包括且不限于协同拜访、方案咨询、标书审核、实施交付等，每个渠道客户的每种推广产品享受 1 次；符合"一场活动"条件的 G/B 端渠道客户，通过成功报备商机，可免费申报 1 场市场活动，由案例企业提供全方位支持，包括且不限于策划、执行、媒体宣传、物资、费用等，且渠道客户可优先借用案例企业在各地的展厅与会议室。

与此同时，案例企业推出了"渠道合作伙伴商学院"，定期邀请行业及企业的相关专家对渠道客户进行全国性培训或者区域性培训，包括但不限于同步行业政策、区域热点、产品更新情况、招投标情况、优秀案例等，为渠道客户提供更多服务赋能。

③ 在产品生态渠道"上货架、定标准、做渠道双向赋能"

针对产品生态渠道，案例企业制定了严格的产品合作标准。在产品生态合作体系内，案例企业通过不断完善和优化产品生态合作，提升了渠道的产品服务能力和服务范围，进而提升了自营渠道的销售效率和外部渠道的产品赋能效率。

依托产品生态合作体系，案例企业拥有了稳定、丰富的产品、服务赋能能力，降低了渠道易主的风险，比如降低渠道客户因市场、服务、产品拓展受阻而不得不寻找其他企业合作等事件的发生频率。与此同时，产品生态合作体系内的渠道在市场上遇到案例企业的自有产品需求时，会成为案例企业的产品渠道，案例企业的渠道网络规模由此不断扩大。

因为有产品的深度绑定，产品生态渠道的稳定性和合作紧密性更高，在业务开展过程中，能发挥非常重要的作用。

④ 不断完善全链条赋能体系

总体来看，案例企业的渠道赋能工作是体系化、规范化、持续化的。体系化方面，在价格赋能、品牌赋能、培训赋能、行业赋能、组织赋能等维度，案例企业都设置了对应的培训机制；规范化方面，案例企业的赋能是有层次的，即只有满足企业的要求，才能得到高层次的赋能；持续化方面，案例企业的赋能体系是持续、稳定的，背书的是企业，而不是渠道业务部门的渠道销售个人。

完善渠道赋能体系时，企业应该根据自身的特点和发展阶段，从主要矛盾入手，逐步进行渠道赋能，从无到有，从有到优。

第五章 渠道赋能之道——赋予渠道获得感和安全感

📝 本章教练助手

1

您所在企业在行业中处于什么位置？您了解行业中的头部企业的渠道赋能体系吗？

_____
_____
_____

Tips 在渠道赋能工作中，渠道销售不仅要用心研究所在企业的优势，还要研究行业中的头部企业在渠道赋能方面的优缺点。渠道赋能，不求大且全，但要保证有独特的竞争优势。

2

您所在企业多久对渠道客户进行一次培训？渠道客户反馈如何？

_____
_____
_____

Tip 渠道培训是常规的渠道赋能方式之一，即通过进行高质量培训，提升渠道客户的项目能力，维护客情，并巩固渠道成交成果。设计渠道培训，不能流于形式，要根据渠道客户的需求进行个性化设计。

3

在利益机制设置方面,您认为您所在企业是否还有提升空间?

_____

_____

_____

`Tips` 利益机制设置是企业为渠道客户提供安全感和获得感的重要赋能手段,企业务必在利益机制设置上确保自己有足够的竞争力。

第六章 渠道成交之道——七步成交工作法

　　对于企业来说,能力并不值钱,把能力变成生产力才值钱。企业从来不缺少表达者,缺少的是能成交的实干家。针对 ToB 业务,渠道销售需要掌握将能力转化为生产力的科学方法和工具。本章对渠道成交的过程进行了梳理,并将其提炼、总结成 7 个关键步骤,命名为"七步成交工作法"。

第一节 "七步成交工作法"概述

"七步成诗"是一个非常著名的历史故事,讲述了曹植在险境中,文思敏捷地写出佳作,打动了当时可以决定其生死的"客户"——曹丕,得以活命,并留下了脍炙人口的诗作《七步诗》。销售江湖,险象环生,渠道销售必须精准地找到渠道客户的需求点,才有可能高效成交。

渠道成交并不是简单的单一成单行为,而是以长期合作、共赢为目标的长线工作。渠道销售应该以渠道成交为目的开展工作,而不是将渠道工作做成"一锤子买卖"。从甄别渠道(渠道选择)到渠道成交,有 7 个关键环节,我们将全面关注了这 7 个关键环节的工作法命名为"七步成交工作法",如图 6-1 所示。

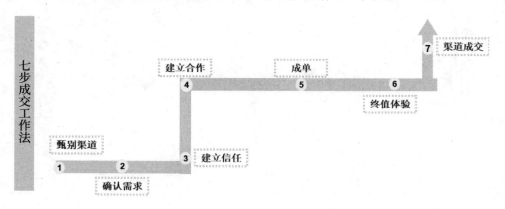

图 6-1 七步成交工作法

第二节
甄别渠道——漏斗工作法

渠道工作的目标是成交，成交的实现以满足企业发展需求的渠道拓展数量和质量为基础。渠道工作的第一步是将渠道拓展和筛选工作做扎实。在甄别渠道阶段，常见的漏斗模型如图6-2所示。

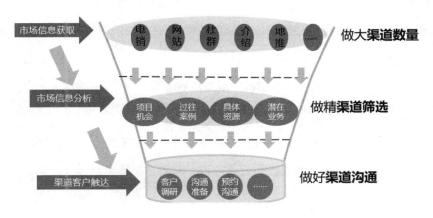

图 6-2　渠道获客漏斗模型

① 做大渠道数量

渠道拓展的第一步是找到获客来源，尽可能扩大渠道获客漏斗的入口。在获客阶段，渠道销售应充分获取市场信息并进行全力拓展。这个阶段的渠道拓展是一个"体力活"，也是渠道工作中固定的规范化工作流程。

获得潜在渠道客户信息的途径包括但不限于电销、网站、社群、行业朋友和客户、地推等。当下，信息来源越来越多，除了积极利用常规来源进行渠道拓展，渠道销售还应该提升创新能力，充分利用自媒体等多元渠道拓展工具和方式进行渠道拓展。

每一个渠道销售都应该有自己的日常渠道拓展途径。根据 ToB 业务的特点，常见的渠道拓展途径和信息来源有专业网站、行业社群、行业展会目录、竞争对手企业的渠道分布情况等。

（1）专业网站

作为渠道销售，应该熟悉与本企业的产品、服务相关的各类、各级专业网站；作为企业，应该注重对新入职的渠道销售进行这方面的培训，使得该途径成为渠道销售的日常渠道拓展途径之一。

专业网站包括但不限于本行业招投标网站（比如，政府各层级采购网，其中的区域中标或行业中标渠道应该成为渠道销售进行渠道拓展的重点）、专业搜索网站（兼具行业性和专业性）等。不同行业在国内有不同的大会、展览和交流活动，这些活动的信息承载网站也是可挖掘的渠道拓展源头。

（2）行业社群

渠道商常活跃在各类产品及服务的行业社群中，渠道销售可通过朋友介绍、渠道客户引荐、各类行业活动进入行业社群，和潜在渠道客户建立互动关系。在社群中分享行业政策、企业新闻、企业案例等，是吸引潜在渠道客户和自己建立互动关系的有效方法之一。

近几年，行业社群显示出了越来越强大的链接功能。一些行业社群已经成为渠道销售进行渠道拓展的重要信息来源。这类社群包括但不限于行业专业知识类社群、行业交流类社群、行业论坛活动类社群、新媒体类社群和区域类社群。

（3）行业展会目录

各行业ToB业务均有不同级别、不同区域的行业展会，渠道销售要重视这类行业展会的参会目录。实力强大的渠道商，经常出现在行业展会目录中，通过电话、拜访或者朋友引荐的方式和这些渠道商建立沟通关系，是高效的渠道拓展方法。

为什么行业展会目录中可能存在高质量的行业渠道和市场渠道呢？比如，教育行业的全国性和区域性展会、医疗行业的全国性和区域性展会、科技产品类的全国性展会等，每年定期举办，参会企业信息展示平台是稳定存在且不断更新的，因此，其中的渠道大多是活跃的、良性发展的、高质量的。

（4）竞争对手企业的渠道分布情况

竞争对手企业往往是很好的"指路明灯"，对竞争对手企业进行分析、研究，了解竞争对手企业的渠道分布情况，在此基础上进行渠道拓展，往往会有事半功倍的效果。分析优秀的竞争对手企业的重要渠道分布情况及其获取方法，是不断提升企业渠道销售的渠道拓展能力的重要技巧。

"挖竞争对手企业的墙角"是效率很高，风险也很高的渠道拓展方法。这类渠道一旦被成功拓展，企业往往能得到较好的商机储备。但是企业想要真正将这类渠道客户稳定地留在自己的平台上，往往需要付出更多的成本和精力，因为无论是合作理念不同，还是赋能体系不佳，抑或是利益分配和产品、服务出现问题，都可能导致这类渠道客户终止与企业的合作。

随着全球化的推进和信息技术的发展，渠道拓展的创新空间越来越大，方法也越来越多元。根据所在行业的不同，企业在进行渠道拓展时，应该使用麦肯锡的 MECE 分析法，先穷尽，再筛选，不断丰富和更新渠道拓展途径，不断提升渠道拓展效率。在渠道拓展工作中，渠道销售容易陷入"舒适圈"，当渠道拓展探索遇到挫折时，会下意识地回避继续探索。该心态会影响渠道拓展方式的创新，应注意规避。

② 做精渠道筛选

做精渠道筛选即在获客的基础上进行精细化信息分析。这个阶段考验的是渠道销售甄别渠道的能力和执着的智慧——通过对市场信息进行分析，从是否有项目机会、是否有过往案例、是否有具体的用户资源、是否有潜在业务等维度入手进行渠道筛选。

对于企业来说，渠道的数量决定了商机储备的量级，渠道的质量决定了商机落地的效率。渠道销售应该不断提升渠道判断和渠道筛选能力，结合企业战略需要、渠道实力、区域市场和行业情况进行综合评估。

通常，在新的渠道合作建立之前，渠道销售需要做的工作有对渠道商的信息进行背调（使用天眼查、企查查等软件），看看渠道商的真实人员规模及其是否有合作纠纷等；对渠道商进行实地拜访，初步评估渠道商的实力；和渠道商的核心决策人深入交流，达成对产品、市场和价格利益机制的初步共识；参加渠道商的业务会，初步评估渠道商的业务人员能力和市场能力等。

在进行渠道选择时，渠道销售应该对潜在渠道客户的价值观进行客观评估。通常，渠道销售对潜在渠道客户抱有的期待越大，越应该对该客户进行综合评估和调研，能力匹配和志同道合同等重要。

实战微案例

这是我的地盘，你不和我合作，也别想和别人合作

渠道销售小雷就职于一家物流企业。几年前，小雷在某省拓展了一个能力特别强的渠道客户，与之建立了长期合作关系。合作初期，该渠道客户确实给小雷的业绩做了不少贡献，也为小雷所在企业创造了很大的区域价值。但是，随着时间的推移，该渠道客户并不愿意突破舒适圈，和企业一起成长，承担更大的压力，与此同时，他拒绝配合企业更换区域核心合作伙伴。

小雷和他沟通，表示如果他没有进一步发展的想法，企业需要做出调整，和更大体量的渠道商合作，以提升区域业务覆盖能力，更好地开发市场。但是这名渠道客户放言道："该省是我的地盘，如果你们想让别人来开发这里的市场，我虽然不能阻止你们和新的合作伙伴合作，但是我一定可以让那个新的渠道商无法在这边成单。"

小雷哪见过这种场面？他知道这个合作伙伴极具破坏力，因为在选择渠道商的时候就听说这个渠道商的区域口碑不太好，但是当时以业务开展为先，和他合

作了,没想到现在有些骑虎难下。

甄别渠道是非常复杂的工作,在这个过程中,渠道销售应该竭尽所能地了解渠道,除了需要了解渠道的能力,还需要考察渠道的口碑、合作风格等,尽可能甄别出价值观堪忧的渠道客户,提前制定合作风险预案,保证企业的利益不受损害。

③ 做好渠道沟通

渠道销售需要在做好渠道甄别工作的基础上,做好渠道沟通的准备工作。在这个阶段,渠道销售需要结合对渠道的调研成果及沟通话术、案例,进行尽量完善的准备。

进行渠道拓展和渠道筛选之后,对潜在渠道客户的第一次拜访和沟通是至关重要的。在开始第一次渠道沟通前,渠道销售需要充分做好谈判准备。

针对不同类别的渠道商,不同规模的企业谈判的策略和重点是不同的。通常,在渠道沟通和谈判环节的准备阶段,渠道销售需要结合企业的品牌影响力、产品及市场占有率,针对潜在渠道客户制定个性化谈判策略。

第三节 确认需求——剥洋葱工作法

确认需求的过程很像剥洋葱的过程，渠道销售要先通过层层递进的确认，明确渠道客户的核心、真实需求，再通过沟通，将渠道客户的核心、真实需求分解成若干个可以量化的子需求。越靠近渠道客户的核心、真实需求，谈判越需要谨慎，就像剥洋葱，越剥到最后，越要小心被"辣"出眼泪。客户需求的沟通过程，往往也是不断靠近需求决策核心人员、持续辨别需求真伪、客观评估需求层次和满足节奏、商讨合作节奏和利益期待的过程，剥洋葱工作法的具体需求确认层次如图 6-3 所示。

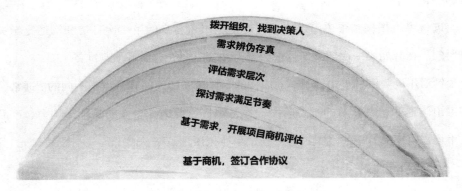

图 6-3 剥洋葱工作法的具体需求确认层次

① 找到决策人

找到渠道客户的决策人是确认客户需求的必要前提。如果渠道销售没有第一时间找到渠道客户的决策人，后续的需求确认工作就会如同雾里看花，效率堪忧，甚至无法实现预期目标。

接近渠道客户的决策人的核心路径是先通过客户资料调研确认渠道客户的决策人（法人、董事、经理等），再向客户信息提供者或渠道客户内部工作人员提出预约决策人的时间的要求。如果无法和决策人平级对话，渠道销售可以在和平级人员充分沟通，了解客户的基础信息、决策人的关注点后，邀请企业内部可以和客户决策人进行同级对话的同事参与沟通。

② 需求辨伪存真

在需求辨伪存真阶段，核心工作是聆听，并运用沟通技巧引导渠道客户提出自己的真实需求和问题。在这个阶段，通常，渠道客户已经对企业的产品及服务有了基本了解，在此基础上，渠道销售需要根据渠道客户的信息反馈，不断强调企业的优势产品价值和市场竞争优势，并不断剔除渠道客户并不成熟的需求及企业无法满足的需求，以便后续高效合作。

通常，渠道销售需要引导渠道客户了解企业已经有市场成功案例的标准化产品，而不是任其天马行空地提出需要耗费大量研发精力和人力的定制化需求，因为这样才有利于后续合作的开展。在实际工作中，渠道销售常遇到这样一类客户——希望企业的产品与服务可以满足用户的所有需求，对产品提出各种功能定制要求。面对这样的渠道客户，渠道销售需要有需求辨伪存真和需求引导的能力，对有预算的真需求进行正面讨论，对预算不明确的需求进行有技巧的引导规避，避免在后续的商务交付环节产生矛盾。

③ 评估需求层次

渠道客户的需求是有层次的，核心需求包括利益需求、产品需求、品牌合作需求。

利益需求，即赚钱的需求，具体来说就是针对市场上的项目机会，渠道商需要通过与企业合作获取经济利益。

产品需求，即服务补充需求，渠道商在进行区域服务和行业服务的过程中，需要企业提供产品及服务。通常，产品需求和利益需求在层次上有交叉，渠道商会根据市场项目需求寻找能提供相关产品及服务的合作企业，这样的需求一旦产生，往往会有潜在的商机随之而来。

品牌合作需求，即对渠道商来说，选择合作伙伴时，他们会有自己的品牌期待。一部分渠道商希望企业可以把产品贴牌成自己的品牌产品，以便他们更好地服务用户，还有一部分渠道商希望企业可以强化其品牌赋能，帮助他们获得更好的市场影响力。

在这个阶段，渠道销售应该对以上3种需求的细节和层次进行判断，以便更好地打动潜在渠道客户，达成合作。

实战微案例

基于利益的"客情"很脆弱，基于战斗的"交情"才牢靠

渠道销售小米就职于一家服务咨询机构，是一个优秀的渠道管理者，"90后"，非常年轻，也非常聪明。根据工作经验，小米分享道："渠道商确实非常重视经济利益，但是，如果渠道销售在工作中只关注经济利益，就会经常面对'利尽而散'的风险。渠道销售得努力创造和渠道商'共患难'的交情，有了这种交情，才能拥有真正的'客情'。"

"在渠道合作这件事中，价格谈判是最容易的，也是最有风险的。"小米说，并分享了一个和渠道客户合作的经历。小米有一个渠道客户，在当地有比较好的区域资源，但是不到称霸的程度。某次，有一个商机，小米的渠道客户在客情方面处于下风。为了提升该渠道客户的竞争力，小米努力向企业为客户争取特价，保证了客户的价格竞争优势，与此同时，小米主动和客户一起分析竞争对手，帮助客户找到了竞争对手的弱点，并通过协调，把企业当年最重要的品牌营销活动争取到了这个区域，为客户提供了巨大的品牌加持。功夫不负有心人，小米成功地帮助该渠道客户打败了竞争对手，拓展了一个新的市场区域，自此，小米和该渠道客户建立了牢不可破的合作关系。

④ 探讨需求满足节奏

根据渠道客户的需求层次和需求紧急程度，渠道销售往往可以判断出渠道客户的需求满足节奏。渠道客户的需求越紧急，谈判中，企业的主动权越大，若渠道客户几乎没有紧急需求，谈判中，企业会处于相对劣势。

面对有紧急需求的渠道客户，渠道销售的工作重心在于打消渠道客户的核心合作顾虑，针对渠道客户的最核心需求，给予渠道客户合作的信心和动力；面对需求不紧急的渠道客户，谈判中，渠道销售应该着重强调企业在行业里的竞争力和发展潜力，以及企业能为渠道客户提供的全方位赋能体系，以提升渠道客户的合作兴趣和信任感。

⑤ 商机评估

无论渠道客户的需求是紧急还是不紧急，渠道销售都需要引导渠道客户对当前商机进行评估，形成共同的市场目标，并围绕共同的市场目标对合作核心动作和阶段性目标进行分解。

商机评估，要求渠道销售有较强的洞察力，能够根据商机预算情况、商机用户情况、商机跟进周期、商机推动节奏等关键信息，评估、确认商机的靠谱程度和可把控程度。

⑥ 签订合作协议

完成对渠道商机的评估后，根据渠道商机的成熟度及其价值的高低，渠道销售需要拟定要和渠道客户确认、签订的口头或者书面合作协议。通常，渠道合作协议包括合作意向协议、项目合作协议和战略合作协议。合作意向协议相对来说较容易确认；因为涉及确定的项目商机和可能的渠道投入、备货要求，项目合作协议和战略合作协议相对来说较难签订。确认、签订合作意向协议前，建议渠道销售对样机、样品的采购要求加以考虑，以提升后续合作的确定性。

签订什么类型的协议，渠道销售可以综合考虑和渠道客户的沟通情况进行确定。在客户需求确认阶段，如果可以达成意向合作，无论是确认了口头的共识性承诺，还是签订了纸质合作协议，都是阶段性工作成果的表现。

第四节
建立信任——价值交换法

渠道成交的第三步是建立信任。在建立信任阶段，渠道销售一方面要努力提高渠道客户对企业的信任度，另一方面要引导渠道客户重视对企业的承诺的兑现，给企业更多的信心，以便企业放心地投入组织资源并进行深度赋能。这是一个建立双向信任的阶段，需要企业与渠道客户都付出实际行动并进行一定程度的价值交换。

在实际工作中，很多渠道销售不敢或者不知道自己可以向渠道客户提要求，这是不自信、不成熟的表现，不利于建立渠道信任，甚至会阻碍企业对渠道客户进行客观评估。

① 价值交换的基础

渠道信任很难建立，但很容易被破坏。在建立信任阶段，渠道销售一定要明确企业和渠道客户合作的价值需求，在满足渠道客户需求的基础上，创造客户价值和创造用户价值同等重要。创造客户价值是企业和渠道客户约定的价值创造，创造用户价值是企业向渠道客户承诺的产品及服务价值创造，二者缺一不可。

在实际工作中，渠道销售需要通过价格谈判、市场谈判、品牌赋能谈判等多轮、多维度的谈判，确保企业和渠道客户的需求可以得到充分的讨论，并达成明确的共识，以便依托核心的价值交换达成较为明确的合作意向。

② 价值交换的核心问题

在建立信任阶段，渠道销售通常会遇到"需求博弈"，即和渠道客户不断试探彼此的价值提供底线。在实际工作中，渠道销售会遇到非常多的核心问题，比如，产品价值博弈的核心问题——如何让渠道客户知道本企业的产品是最适合合作的；价格博弈的核心问题——如何让渠道客户知道本企业的价格体系是最优的；品牌服务博弈的核心问题——如何让渠道客户知道本企业的整体品牌和服务体系是最有保障的……

任何一个问题没有达成真正的共识，都有可能导致渠道客户怀疑企业价值提供的质量。事实上，任何企业都很难同时在这3个层面上做到最优，洞察并满足渠道客户的核心需求，是价值交换的重点。

实战微案例
先给客户他需要的，再给客户你认为好的

渠道销售小君就职于一家智能硬件企业。小君一毕业就加入了该企业，很勤奋，成长很快，但是最近的渠道拓展工作让他感觉很棘手。小君感觉现在的渠道商很贪婪，索求无度，他一而再，再而三地给出已经很有诱惑力的价格承诺，但是渠道商总是不满足，还想要更多。在工作复盘会上，小君把遇到的问题提了出来，寻求其他优秀渠道销售和管理者的指导。一位经验比较丰富的渠道销售听了小君的问题后问小君："你觉得这些渠道商是真心想和你合作吗？他们关注的核心问题是什么？"小君愣了很久之后说："他有项目机会，我们有合适的产品，赚钱的事，为什么不一起做呢？"同事接着问："如果只是为了赚钱，我们给出的价格承诺已经非常具有市场竞争力了，对方为什么没有动心呢？或许问题根本没有出在价格上。"

在大家的帮助下，小君慢慢明白，这个渠道商比较优质，他为了得到对方的好感，贸然承诺价格优惠，反而显示了自己的不自信。他并没有真正地了解对方，因此，价格承诺并没有带来很好的效果。小君做了更多需求洞察工作后发现，该渠道商关注的核心并不是价格，因为曾经被合作企业"伤害"过——其曾经的合作企业不仅没有为其兑现包括价格优惠在内的承诺，还有撬其商机的举动，所以，该渠道商更看重的是企业的品牌口碑和合作信誉度。

第五节
建立合作——"鳄鱼翻滚"工作法

在动物世界,鳄鱼有一个可怕的必杀技,名为"死亡翻滚"——鳄鱼往往会耐心十足地潜伏在水中,密切观察岸边猎物的情况,在猎物放松警惕时,悄悄靠近,咬住猎物后带着其在水中迅速、连续翻滚,使猎物无法呼吸,直至死亡。从咬住到翻滚,这一过程堪称稳、准、狠,哪怕是狮子、豹子,遇到了鳄鱼的"死亡翻滚",往往也难以逃生。

笔者非常喜欢以鳄鱼翻滚为例给渠道销售讲给客户提供"稳、准、狠"的"爽"感的重要性,使用这种工作方法,往往有"一击致命"的效果,能快速与潜在渠道客户建立合作关系。

① 让潜在渠道客户没有机会说"不"

在实际工作中,渠道销售应该尝试使用"鳄鱼翻滚"工作法击破潜在渠道客户的心理防线,紧紧抓住潜在渠道客户的核心诉求,不断强化其"和该企业合作是非常划算的"这一意识,比如,为潜在渠道客户策划一笔划算的生意,打造合作的峰值体验,让潜在渠道客户没有任何说"不"的机会。

渠道销售想要拥有这种能力,一方面需要对企业自身的产品与服务价值有深刻的理解,另一方面要特别了解行业和竞争对手企业的情况,直接消除潜在渠道客户"还有更优选择"的想法。

电视剧《琅琊榜》中有一段故事,可以非常直观地验证这个观点。梅长苏设计扳倒谢玉之后,去天牢和谢玉谈判,让谢玉和自己合作,交代13年前诬陷赤焰军的真实情况。这个交代对整部剧而言是至关重要的,没有谢玉的证言,就没有办法翻案。当时的谢玉对悬镜司的夏江抱有幻想,想和夏江合作,保住自己的性命,但是梅长苏为谢玉透彻分析了谢玉的利益点、夏江的利益点,以及他们合作中至关重要的利益点，让谢玉意识到，除了和他合作，没有别的选择，即告诉谢玉，要么和我合作，生存；要么和竞争对手合作，死亡。

对于渠道销售来说，这个片段堪称经典。知己知彼，让潜在渠道客户认识到和自己合作才是最优解，且是唯一解，是成功的利器。

② 知己知彼，百战不殆

"知己知彼，百战不殆"是《孙子兵法》介绍的战术，《孙子兵法》是一本非常适合渠道工作者阅读的经典书籍，其中很多战术非常适合运用于渠道销售商业实战。

实战微案例

了解竞争对手的弱点与了解其优势同样重要，甚至更重要

渠道销售小何在做成功案例复盘的时候分享了一个项目，该项目的合作渠道客户是一家区域龙头渠道商，此次合作是双方第一次合作，在合作过程中，小何所在企业的竞争对手企业给出了更低的合作价格，所以渠道客户有些动摇，想换合作企业。

渠道客户的负责人找小何聊此事时，小何说："的确如此，这家企业我知道，给出的合作价格确实比我们低。但是这家企业只有20多个人，是非常年轻的创业企业，售后工作只有一两个人在做，售后服务体系还没有经历过市场、用户的检验，您敢和该企业合作，做'小白鼠'吗？"

小何知道，合作企业的服务保障能力是该渠道客户非常关心的，一旦明确这一点，该渠道客户一定不会因为价格上并不明显的差距而冒险换合作企业。

在实际工作中，渠道销售一定要对经常产生竞争或者相对强势的竞争对手企业进行深入了解，了解的方法很多，查找资料、浏览竞争对手企业的网站、和竞争对手企业的离职人员聊天、和竞争对手企业的客户聊天等都很有效。

第六节
成单——双向奔赴工作法

渠道成交的第五步是和客户一起成单，这个工作阶段需要渠道客户和企业双向奔赴、背靠背战斗。在实际工作中，渠道销售应该引导渠道客户将企业作为强有力的支持力量，在项目商机挖掘、用户需求确认、资金规划、售前工作等方面做好双向协同，以便为用户提供最好的服务，推动项目成单。

① 成单环节的错误合作方式

成单，是企业验收渠道销售团队工作成果和检验渠道客户实力的重要环节，很多问题会在这一环节凸显。在实际工作中，有两种常见的错误合作方式，一种是企业和渠道客户签订协议后就做甩手掌柜，将项目成单视为渠道客户的工作，认为企业做好利益分配即可；另一种是渠道客户做甩手掌柜，认为将用户对接给企业后，自己坐享其成即可。这两种相背而行的合作方式是非常低效且危险的。

在渠道成单环节，渠道销售应该不断地问自己：我要和这个客户做一笔什么样的生意？如何让客户确认和我合作是最优解？我如何实现自己的目标？

在商机实现阶段，使用和客户一起成单的双向奔赴工作法工作是至关重要的，渠道销售不仅自己要做到这一点，还要引导渠道客户建立合作决心，与企业磨合出一致的商机实现判断。

② 影响成单的因素

影响成单的因素有很多，比如资金体量、产品报价、成单周期、用户特点等。企业体量、所在行业不同，成单环节需要解决的问题也不同。作为渠道销售，在成单环节，应该尽可能多地调动自己和企业的资源，为渠道客户提供核心帮助，推动成单。

在成单环节，想办法为渠道客户解决实际问题，是渠道销售必须提供的价值。与此同时，在合作过程中严格兑现企业对渠道客户的承诺是渠道销售非常重要的工作，渠道销售必须直面可能存在的承诺兑现风险，做好充分沟通和解释，优化渠道客户的合作体验。

实战微案例

想办法为渠道客户解决实际问题

渠道销售小北就职于一家农用设备制造企业，和一个渠道客户的关系很好。小北所在行业的项目资金来源是政府财政规划，其规划资金受政策、用户需要、政府财务状况等多方面因素的影响，因此时常有无法按计划调配资金的情况出现。小北能和案例中的渠道客户建立牢靠的合作关系源于小北成功帮助该渠道客户按计划得到了某项目的资金，并帮助该渠道客户在当地落地了一个非常重要的项目。

该案例的具体情况如下。

渠道客户对接的项目商机是真实的，项目是会被真实执行的，但是政府的资金出了一些问题，没有资金可以支持该项目落地，当时，这个项目的进度有可能被无限期拖延。面对这一情况，小北帮助该渠道客户找到了一个有意在当地布局系统化业务的企业。这个企业需要该渠道客户的产品，且这个企业可以垫资做项目，小北将这个企业引入目标项目，促成了这个企业和政府的谈判，成功帮助该渠道客户解决了资金问题、顺利落地了项目，并由此获得了与该渠道客户持续的合作及其长久的信任。

第七节
终值体验——组织协同

对于产品设计来说，峰值体验和终值体验至关重要，对于渠道工作来说，同样如此。峰值体验影响渠道合作的价值判断，终值体验影响渠道合作的组织判断，没有终值体验的渠道合作是不稳定的。

终值体验需要通过组织协同优化，产品及服务的交付情况和商务承诺的兑现效率都是影响渠道客户终值体验的关键因素。很多企业认为，项目结束了，合作就结束了，其实恰恰相反，项目结束才是真正合作的开始。

商机落地之后，为渠道客户提供及时且高效的服务、按照协议约定及时兑现利益承诺、配合渠道客户做好商机落地售后工作等都是企业应该做到的，且都是和客户利益息息相关的。这些工作，需要组织协同完成才能达到最好的效果，绝不是应该由渠道销售一个人负责的。

实战微案例

项目结束了，我的客户要和我解约

渠道销售小袁就职于一家智能生活家电企业。年初，小袁拓展了一个非常重要的渠道客户，这个渠道客户在为他带来一个百万级别的项目的同时，还帮他开启了一个全新的商机开发赛道，该赛道有千万级别的市场潜在商机。因为是初次合作的、重要的渠道客户，所以小袁极尽所能地做了各种合作服务，直到用户回款到账环节，一切都很顺利。让小袁没想到的是，因为组织流程上的一些特殊原因，企业财务没有按照合同约定的时间将渠道客户的提成款打给渠道客户，渠道客户那段时间恰巧急需用这笔钱，几番催促后，企业财务竟然打错了账户。经此一事，渠道客户直接表达了对企业组织专业度的不满，表示对未来的合作没有信心，决定解约。

最终，小袁失去了这个非常优质的渠道客户。小袁非常生气，自己好不容易拓展的优质渠道客户，就这么被协同部门的不靠谱气跑了。

以上案例是典型的因为组织问题导致渠道客户终值体验差并最终流失的案例，针对类似情况，渠道销售应该有组织风险预知和防控能力，组织层面也应该有相应的风险防控机制。保证渠道客户有良好的终值体验，渠道合作才有可能形成良好的闭环。

第八节
渠道成交——发展自己的"铁粉"级渠道客户

对于渠道业务来说，成单并不是最重要的，成交才是。为什么这么说呢？因为成单仅意味着独立项目合作成功，而成交意味着企业获得了渠道客户的认可，得到了持续成单的机会。

在实际工作中，我们可以看到，很多优秀的渠道销售有自己的"铁粉"级渠道客户——不断复购，稳定地贡献业绩。这样的渠道客户和渠道销售已经在项目合作过程中有了稳固的彼此信任和欣赏的关系。

从成单到成交，不仅是在形成渠道销售个人的渠道竞争壁垒，也是在建设企业的渠道竞争护城河，是必须被特别重视的渠道工作。建议渠道销售发展自己的"铁粉"级渠道客户，不是让渠道销售和渠道客户"称兄道弟"，而是让渠道销售努力使渠道客户对自己和企业产生底层信任，这不是可遇不可求的，是完全可以通过扎实工作做到的。

实战微案例

我的"老铁群"

渠道销售小娜就职于一家培训机构，她工作非常细心，时刻把渠道客户的需求放在心里，想尽办法帮助渠道客户解决实际问题。小娜是自己所在企业连续3年的"销冠"，同事向她请教成功秘诀时，她说："我觉得自己做得比较好的地方是珍惜着每一个客户，因此，合作过的客户都愿意给我推荐新的客户。慢慢地，我有了一个'老铁群'，在这个群里，我的客户可以互相交流，也可以互相帮助，这个群是一个兼具社群价值和情绪价值的高黏度社群。"

小娜的"老铁群"成员，性格和行业都不尽相同。是小娜日复一日地研究客户的需求和痛点、专业勤奋地进行客户服务这些行为帮她赢得了客户的信任和认可，由此构建了黏性非常强的客户私域，形成了稳健的成交保障。

第九节
案例——某企业在空白市场的渠道成交案例

某企业在西南某省拓展市场，在只有品牌，没有成功案例、渠道、业绩基础的情况下，经过几年的渠道工作，做到了成为区域龙头品牌的程度，将区域"地头蛇"和竞争对手企业远远地甩在了身后。笔者认为，有此成绩，一方面是因为该企业的渠道业务的规范性动作做得到位，另一方面是因为该企业的渠道业务的创新性动作落地成功。案例企业（初始阶段）的核心画像信息见表6-1。

表 6-1 案例企业（初始阶段）核心画像信息

项目	情况
人员规模	20多人
年营业额	尚未产生营收
销售模式	渠道为主，直客为辅
产品类型	教育信息化产品
平均客单价（终端用户价）	100万元左右
成立时间	不足1年
品牌影响力	母公司品牌为行业顶级
产品市场占有率	区域无成功案例
渠道价格体系竞争力	行业上游
发展阶段	起步期

案例企业究竟是如何取得如此亮眼的成绩的呢？我们可提炼3个关键点。

① **做大流量池：两天不出去跑业务，等于旷工**

案例企业深耕区域，为渠道销售进行片区划分，规定渠道销售每天必须有至少一个有效拜访。"有效"的意思是拜访的客户必须是行业里真正的渠道商，与此同时，渠道销售要在真正地了解了目标客户之后进行有针对性的拜访，每次拜访要有成果，比如收获市场商机、了解区域资金决策链条、收获新的客户信息、得到项目机会，甚至达成合作。总之，只要拜访，就要有所收获，不能为了拜访而拜访。

另外，案例企业规定，如果渠道销售连续两天没有出去跑业务，等于没有开展实质性的渠道拓展工作，等于旷工。这个工作要求是案例企业根据自身情况制定的个性化工作要求，在市场拓展阶段，这个工作要求在激发渠道销售的销售潜能方面起到了非常重要的作用。

② 渠道赋能：规范化动作和个性化动作结合

针对渠道销售的拜访工作，案例企业的管理者制定了规范化动作标准，并明确了个性化动作权限。面对新的市场，打造样板和合作案例、了解区域市场和渠道客户的多元需求都至关重要，速度、效率和规则都需要关注。因此，在客户赋能场景中，案例企业的渠道销售有一定的个性化权限，向工作要成果。

标准化动作决定了渠道销售必须有效、全面地传递企业价值，个性化动作决定了渠道销售需要以成果为导向，根据实际情况，适时调整谈判策略。

区域性市场拓展可以做得非常精细，"精细"的意思是真的为渠道客户量体裁衣式制定赋能计划，这是案例企业做得特别优秀的地方。

③ 渠道成交：要帮忙，不添乱

渠道成交是渠道工作的收获环节，对于企业来说，在这个阶段，应该提高组织的支持力度和效率，尽可能地辅助渠道客户，推动成交。"要帮忙，不添乱"用于描述这个环节的企业和渠道客户的互动关系是比较合适的。

案例企业是区域性企业，工作中要特别注意和渠道客户、用户互动的边界问题。面对成交环节，案例企业要求渠道销售特别注意工作的规范性，刚刚进入市场，要特别关注和渠道客户的信任建立情况，做到不碰客户的用户、不透露客户的信息、不主动打听客户的资源，同时，要向客户要成果、要给客户提供支持、要和客户一起关注共同利益。

案例企业在渠道成交环节以"要帮忙，不添乱"为原则推动工作，一方面满足了客户的需求，另一方面得到了客户的信任，为后续合作奠定了基础。

本章教练助手

1

您的客户成交率是多少？主要的成交和未成交原因分别是什么？

_____
_____
_____

> **Tips** 客户拓展率和客户成交率是更新渠道画像、优化渠道赋能制度的重要依据，与此同时，以成交客户为样板，可以更好地分析渠道工作各环节的效果，为渠道工作的优化提供参考。

2

从渠道成交的角度看，您所在企业的渠道销售常对成交信心满满吗？

_____
_____
_____

> **Tips** 根据渠道销售的日常工作反馈，可以对渠道成交工作的情况进行初步评估。如果渠道成交过程中的每项工作都做得很扎实，渠道销售会对渠道成交有足够的信心；如果渠道销售经常在渠道成交方面信心不足，企业管理人员就要及时进行工作反思和优化了。

3

在竞标过程中,您所在企业通常会输给哪些企业?为什么?

_____

_____

_____

> **Tips** 以成交为导向的竞品分析工作是非常重要的分析工作之一。深刻分析每一个失败的竞标案例,能确保同样的问题不会再次发生。

4

从成交的角度看,您认为对所在企业的哪些制度或者赋能服务稍作改变,能提高渠道成交的效率?

_____

_____

_____

> **Tips** 渠道销售是最了解渠道客户需求的企业内部工作人员,需要及时把渠道客户的想法反馈给企业,在企业内部达成服务共识,进而提高渠道成交的效率。

第七章 渠道销售管理之道——上下同欲

俗话说，上下同欲者胜。渠道销售管理的核心目标是使渠道销售团队上下同欲，激发渠道销售的内驱力和主动性。所有管理工作和赋能工作都应该围绕这个核心目标开展。如何通过渠道销售管理全面提升渠道销售的作战能力，促成上下同欲？本章来讨论与之相关的问题。

渠道销售管理的核心模块包括渠道业务目标管理、渠道客户管理、渠道价格管理、渠道财务管理、渠道销售人员管理等。实际工作中，企业需要从这几个模块入手，形成符合战略发展需要和组织能力情况的管理策略，企业管理人员也需要在渠道业务工作中强化对这几个重要工作模块的管理。

第一节
渠道业务目标管理——目标制定和行动计划分解同样重要

渠道业务目标管理包括渠道业务目标制定、行动计划分解，以及为保证渠道业务目标实现和行动计划有序进行的渠道销售绩效管理，如图 7-1 所示。

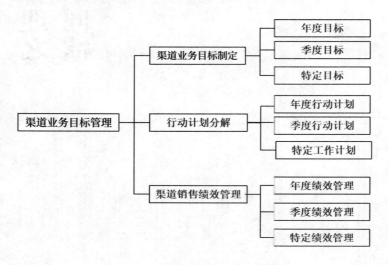

图 7-1　渠道业务目标管理的核心维度

在渠道业务目标管理中，目标制定和行动计划分解同样重要。渠道业务目标管理，需要以企业销售战略为本，结合实际情况，先制定年度业务目标，再将年度业务目标分解到渠道销售的周期性销售行动计划中，通常以季度为周期进行绩效管理和考核。根据产品及服务特点的不同，部分企业会有特定的业务目标，比如市场占有率。

在渠道业务目标管理过程中，企业管理层一般先将企业目标分解为部门目标，再将部门目标拆解到渠道销售个人身上。渠道销售负责人需要根据部门目标，按照考核周期，对各渠道销售的销售计划目标与实际销售情况等数据进行管理，并适时赋能；管理人员需要结合实际业务开展情况，在考核周期内及时了解市场和企业的目标实现情况，进行销售计划动态调整，并对渠道销售进行及时赋能和辅导。

 渠道业务目标的制定

渠道业务目标是企业根据所在行业的整体情况、产品特点、品牌影响力、过往业绩、商机储备情况等制定的所有渠道销售的工作目标。渠道业务目标通常包括年度目标、季度目标和特定目标。年度目标最具稳定性，一旦制定，不会轻易调整；季度目标可以根据业务开展情况做适当修订；特定目标是企业从战略出发，对渠道销售提出的定量或者定性的要求，通常具有灵活性。

渠道业务目标需要对渠道销售的日常工作起现实指导作用，在制定渠道业务目标的过程中，企业管理者应该秉持科学、客观的原则，确保渠道业务目标既不会高得离谱，又不会低到无效；既要满足企业业务发展的需求，又要在组织层面得到共识，使得渠道业务目标真正成为组织奋斗的共同目标。

② 业务目标的行动计划分解

在实际工作中，很多渠道销售背着巨大的业务目标，但是工作安排得毫无章法，不仅没有掌握标准化工作动作，也没有找到支持其实现业务目标的工作路径，常见工作状态是走一步看一步，错一步改一步。在这样的状态中工作，想实现业务目标是非常困难的。

业务目标的行动计划分解过程，是不断将大目标分解成小目标，将长周期分解成短周期的过程。举个例子，如果某渠道销售的业务目标是年度销售金额达 500 万元，管理者应该先辅导该渠道销售根据行业成交特点和成交周期，将 500 万元的年度目标分解成季度目标，比如第一季度 100 万元，第二季度 150 万元，第三季度 150 万元，第四季度 100 万元，再协助该渠道销售根据季度目标，将任务分解到每个月的工作目标和行动计划中去，比如第一季度的目标是 100 万元，平均每个月需要达到 35 万元左右。完成 35 万元左右的月度目标需要储备多少商机、储备多少渠道客户、完成几个项目、如何安排工作节奏呢？这是更为细致的分解工作。业务目标的行动计划分解的目的是让渠道销售管理者心里有谱、让渠道销售心中有数，让目标的实现不再是偶然成功，而是必然结果。

③ 指导业务目标实现的常见文件（渠道销售绩效管理的纲领性文件）

不同行业、不同类型的企业，实现业务目标的路径和行动计划有较大不同，但是指导文件有通用性。指导业务目标实现的常规文件主要包括年度任务分解表，季度任务分解表，年度、季度、月度销售行动计划表（存量商机激活计划和增量商机拓展计划），目标实现组织资源表（人、财、物和产品资源）等。

指导业务目标实现的文件也是渠道销售绩效管理的纲领性文件。科学、规范的文件不仅能起到保证渠道销售的日常工作有章可循的作用，也是企业进行绩效管理的重要参考和工具。

实战微案例

压死骆驼的"最后一根稻草"

渠道销售总监老罗就职于某上市企业，已经在该企业工作近10年了。该企业的管理习惯是把渠道业务目标压在渠道销售身上，给激励，要成果。这在企业刚刚成立、市场需求旺盛的时候是没问题的，但是随着竞争的日益激烈，在没有大的行业机遇的情况下，渠道销售们的业绩压力越来越大，企业只关注业务目标，不管工作过程的管理风格让渠道销售们越来越痛苦。

老罗说，企业目前最大的问题是持续提升的业务目标和资金投入不足造成产品及服务无法满足客户需求之间的矛盾持续增加。上市企业有业务目标提升的天然诉求，企业当年的业务目标翻了一番，但是受限于资金，企业并没有产品迭代和扩充的规划。在这样的情况下，目标的实现路径在哪里？企业直接把难以实现的业务目标压在渠道销售身上，极大地挫伤了渠道销售实现业务目标的信心。在不给目标实现支持路径的情况下，即使是有可能实现的目标，也会因渠道销售的初始信心不足而无法实现。

在一次季度复盘会上,领导再一次强调目标实现进度不理想,并当众批评了老罗。老罗终于爆发了,愤然离职。

第二节
渠道客户管理——渠道资源不是渠道销售的个人资产

渠道客户管理，应该在企业内部形成科学、规范的渠道客户分配机制，明确渠道客户分配原则，使得企业内部的渠道客户拓展和分配工作有序进行。企业在组织层面明确渠道划分原则和渠道分配机制，可以减少企业内部因渠道销售边界不清造成的客户重复开发、客户项目冲突等问题，降低影响企业的渠道工作形象、影响企业内渠道销售的工作积极性的事件发生概率。

① 渠道客户的线上、线下规范化管理

拓展渠道客户之后，企业应使用规范的客户管理信息化工具对客户的开发、维护、跟进和成交进行组织管理，一方面，保证渠道销售工作的有序进行，另一方面，保证为渠道客户提供的服务可以在组织层面形成沉淀，保护企业的渠道客户资源。

渠道客户的拓展和赋能需要渠道销售通过线下沟通和服务进行推动，渠道客户的信息数据管理则需要企业使用实用的信息化管理工具对渠道客户的画像信息和消费路径信息在组织层面上进行客观展示和沉淀。根据企业业务发展阶段和组织规模的不同，企业需要不断完善线上、线下的规范化管理体系。

② 渠道客户管理缺位的风险

渠道销售的客户管理和其他类型销售的客户管理是相似的，对客户进行规范化、工具化管理，对企业来说至关重要。客户资源是企业最宝贵的资产，不管是对客户了解不足，还是对客户信息掌握不全面，都将给企业带来结构性风险。

实际工作中，常见的风险有客户服务低效、客户流失、客户体验差、客户数据泄露等。无论是初创企业，还是成熟的规模化企业，都应该将客户管理作为战略工作进行推动。

实战微案例
成立 10 年，企业不知道自己有多少有效客户

渠道销售小才就职于 A 企业。A 企业已成立 10 余年，渠道客户和用户的数据一直分散在各业务部门手中，企业的 CRM 系统形同虚设。

没有有效的管控分析和客户管理造成的直接后果是包括小才在内的各业务部门的渠道销售经常会带着同样的产品重复触达同一个渠道客户。有一次，小才在向一个渠道客户推荐新产品时，该渠道客户抱怨道："你们企业的管理是不是太混乱了？最近已经有两个渠道销售分别给我打过电话了！别再给我打电话了，可以吗？"小才非常尴尬。

小才遇到的情况频繁出现后，A 企业着手设立渠道客户资源中心，针对客户的交易情况（交易周期、交易金额、交易频率、交易产品形态）、区域分布、画像、来源等进行分析，不但对分析结果进行面板展示，而且根据管理权限和区域权限进行统一监测和管控。A 企业此举对于企业渠道业务战略的制定、客户的数据保护和客户服务的效率提升具有重要的意义。A 企业的渠道客户资源中心的建设要点如图 7-2 所示。

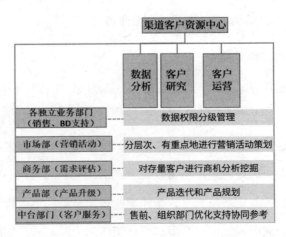

图 7-2　A 企业的渠道客户资源中心的建设要点

第三节
渠道价格管理——合理是前提，公平是原则

渠道价格管理通常包括标准产品的定价管理和定制产品的定价管理。不管是哪种定价管理，都应该以定价合理为前提，以价格执行公平为原则。

标准产品通常由企业进行统一定价，即由企业结合产品成本、企业财务目标、企业营销目标、竞品市场价、企业经营发展战略等信息，综合分析后统一定价，全国执行统一价格。在ToB业务中，标准产品的价格管理对于产品的渠道推广和渠道培训而言有着较为明显的帮助。

定制产品的定价通常由销售管理层统筹负责，在考虑项目采购成本、客户项目预算、服务系统复杂程度、产品服务开发及内容制作周期、项目实施周期、交付运维要求、市场竞争情况，以及行业营销成本等多种因素的基础上，与客户协商确定。

在市场推广的过程中，无论是标准产品还是定制产品，有时会因为项目特殊或市场竞争激烈等情况，需要进行特殊价格申请。针对特价申请，企业应该授予不同层级的渠道销售一定的浮动权限，超出价格浮动权限区间则进入规范的申请和审批流程，以保证内部管理的规范性和公平性。

① 价格策略的制定要点

渠道定价是渠道销售模式中的关键环节，是系统性工作。本书主要分享以下4个价格策略的制定要点。

首先，渠道定价要考虑企业的财务模型。渠道价格策略制定的前提是符合企业的财务模型，企业管理者应该从营收、净利润、毛利润等核心财务指标入手，进行渠道价格策略的制定。原则上，企业即使按照最低的渠道价格执行推广，也不会触碰企业的利润警戒线，这是渠道价格策略制定的基础。实际工作中，大多数企业管理者不是不知道这个基本原则，而是算不清账，在进行财务模型的维度

设置和目标设置时，是缺失客观的组织视角（关注产品背后的运营成本、人力成本和品牌成本）和行业视角（关注行业发展、市场竞品）的。

其次，渠道定价要考虑企业的业务战略目标。渠道定价的战略视角是企业在布局不同战略类型的产品时，要根据业务战略目标，依托财务模型进行思考。

再次，渠道定价需要结合企业的业务战略目标和发展规划进行，不仅需要满足企业短期财务模型的要求，更需要有长远的、助力企业业务战略目标实现的意义。企业业务战略目标是结合行业情况、市场情况、竞品情况、组织情况和客户情况确定的，在渠道价格策略的制定过程中有最权威的指导意义。

最后，渠道定价要考虑周期性和阶梯性。渠道定价应该有周期性特点，切忌频繁调价，尤其是提升价格。在渠道价格策略制定之初，企业应该充分考虑市场周期、供应链调整、产品升级等多方面因素，合理地进行产品的定价和调价，调价周期不应该短于渠道合作的合同周期。与此同时，渠道定价应该是分层级的，企业应该根据渠道价格策略，给不同性质的渠道客户报不同的价格并严格执行，确保定价管理的权威性和公平性。

实战微案例

定价管理混乱导致渠道客户流失

渠道销售小卡的一个渠道客户最近和小卡所在企业解除了合作关系，主要原因是在小卡所在企业和该渠道客户合作的区域出现了供货价低于该渠道客户的竞争对手。该渠道客户认为，小卡所在企业违背了和他的价格保护约定，使得他辛辛苦苦跟进两年的商机最终流失，直接影响了他的经济利益，也影响了终端用户对他的信任。

小卡向该渠道客户解释，后出现的这个竞争对手打电话到企业咨询价格的时候，给出的是另一个省份的商机，在那个省份，企业还没有渠道客户，为了拓展市场，所以报了低价，这确实是企业的工作失误，但绝不是有意为之。虽然得到了解释，但是该渠道客户还是决定和小卡所在企业解除合作，因为出现这样的情况，说明这个企业在定价管理方面做得并不规范——客户对小卡所在企业丧失了信任。

企业进行风险管控时，要尤其注意对价格体系的严格保密。这个案例提示我们，在制定渠道价格策略时，应该合理设置询价体系和市场价体系，不熟悉的、非签约的渠道商询价时，切忌直接报具有价格保护性质的渠道价格。特价申请制度是需要企业特别关注的，实际工作中，企业不可避免地会遇到特价申请。制定特价申请制度，需要兼顾和相关渠道客户的约定，规避有可能出现的财务风险和渠道公平性风险。在特价实施过程中，需要做好项目特别报备，以及相关渠道销售和渠道客户的沟通。

② **新产品的价格策略制定的思考层次**

制定新产品的价格策略时，企业的价格策略制定者可以从市场竞争、企业经营和财务模型3个层面入手进行综合考量，如图7-3所示。

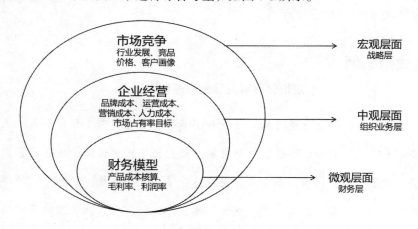

图7-3 新产品的价格策略制定的思考层次

新产品的价格策略制定是一个复杂、系统的组织行为，不是单一的财务部门或者业务部门能够独立完成的工作。进行新产品的价格策略制定时，企业要充分调动组织力，做好论证工作和验证工作，避免不科学的定价管理给渠道工作制造困扰。

第四节
渠道财务管理——账期、回款和应收款

在渠道工作中，销售环节和财务环节往往有着紧密的互动和联系。在渠道销售管理过程中，企业管理者应该重点关注渠道销售对账期、回款和应收款的管理。形成规范的财务管理意识，有助于渠道销售工作的有序进行。

在实际工作中，渠道销售往往认为达成销售合作就是工作的成功，实际上这远远不够。作为距离渠道客户最近的工作人员，渠道销售应该自始至终对财务流程保持警惕和重视，以确保渠道合作形成财务闭环。因此，渠道财务管理应该成为渠道销售在日常工作中重点关注的工作。

① 账期的管理

渠道客户账期的承诺和管理是绝大多数渠道销售会遇到的问题。针对渠道客户的账期承诺，渠道销售要真正了解渠道客户要账期的动机。是项目的资金运转确实存在困难，还是单纯地想要周转空间，抑或是其他原因？针对不同的客户账期诉求，渠道销售需要在保证风险可控且符合企业规定的情况下进行合理的处理，并从渠道管理层面出发，进行统一回应。

② 回款的跟进

对于企业运营和周转效率的提升来说，回款至关重要。在明确合作原则时，企业应该强调回款守约的正反馈和回款不守约的负反馈；在推动、跟进非全款项目时，渠道销售要尽可能地将首付款的比例提至可以覆盖企业成本的水平，尽量降低企业的资金风险。

面对需要垫资或者回款周期明显存在风险的项目，渠道销售应该和渠道客户保持积极、正向的沟通，通过共同努力和合作降低资金风险，保障彼此的利益。

③ 应收款的催收

应收款的催收是渠道管理的重要工作，一方面，需要渠道销售有条不紊地推进程序化工作，另一方面，需要企业中台予以协助，比如适时出具催收函等文件，帮助渠道销售催收应收款。在实际工作中，企业应该对渠道销售进行催收培训，尽可能通过组织合力，在不破坏客情的情况下完成应收款的催收工作。

第五节
渠道销售人员管理——要业绩、管动力、促成长

渠道销售人员管理应重点关注3个维度：业绩、动力、成长。业绩代表着管理的成绩，动力代表着管理的效率，成长代表着管理的质量。在渠道销售的人员管理评价维度中，这3个评价要素缺一不可，"要业绩、管动力、促成长"，任何一项没有达成，都不算是合格的渠道销售人员管理。

① 要业绩

要业绩，顾名思义，就是通过管理确保渠道销售可以实现渠道拓展目标、渠道服务目标和渠道业务目标，即在渠道拓展、渠道赋能和渠道成交环节都实现既定的目标。

实现渠道业务目标最重要的是有良好的业务数据。渠道销售工作是很辛苦的工作，同时是投入产出关系明确的工作，只要完成工作任务，就会得到直接的、可量化的激励回报；完不成工作任务，也会直接体现在提成薪酬中。

渠道拓展和渠道赋能的目标实现情况也应该体现在人员管理考核体系中，根据企业情况及其所属行业的不同，人员管理考核体系的搭建非常灵活，本书不予赘述。

② 管动力

稻盛和夫曾说："劳动获得的喜悦是特别的喜悦，玩耍和趣味根本无法替代。聚精会神，孜孜不倦，克服艰辛后，实现目标时的成就感，世上没有哪种喜悦可以类比。工作占据人生最大的比重，如果不能在劳动中、在工作中获得充实感，那么，即使在别的方面找到快乐，最终我们仍然会感觉空虚和缺憾……"渠道销售工作是最能够激发工作人员成就感的工作之一，在渠道销售人员管理中明确多维度的奖励机制，激发渠道销售的动力是非常重要的。

渠道销售的动力激发效果直接影响其实现业务目标的效率，在动力管理过程中，企业要注重对渠道销售进行赋能。对渠道销售进行赋能一般包括以下要点：首先，让渠道销售明确地知道要做什么，不仅要知道自己要做什么，还要知道企业要做什么；其次，确保渠道销售能做到，或者让渠道销售知道工作的过程中可能会面临哪些问题、需要有哪些必要的成长；最后，让渠道销售愿意去做，如果没有前两点的铺垫，即使渠道销售动力十足，愿意工作，也很难有很好的工作效果。目标明确、行动路径清楚之后，才是主观动力的激发。

此外，在具体的渠道销售激励制度制定工作中，企业要做好保健因素和激励因素的合理设置，不要把保健因素设置成激励因素，这会降低激励效果，也会造成渠道销售动力不足；更不要把激励因素设置成保健因素，这会造成企业付出了很多成本，但起不到理想的增量作用。

③ 促成长

在渠道销售人员管理中，企业要特别注意复盘机制的设置和执行，无论是面对失败案例，还是面对优秀的成功案例，及时复盘，对于渠道销售团队的成长和效率的提升来说是至关重要的。商场上，一切都在快速变化，相对稳定的战略和组织根本无法及时做出反应，只有人，可以灵活地即时判断、快速反应。无论是进攻还是防守，人才是企业的首要依靠和指望。一切要围绕着人才、服务于人才。给人才以机会和平台，是企业的发展所在、资本的收益所在、事业的生生不息所在。

渠道销售和其他销售不同的是，渠道销售需要不断地和各类渠道客户打交道，在工作过程中，认知的提升、情商和逆商的提升都至关重要。渠道销售管理者需要多维度地帮助渠道销售获得从心智到专业的综合成长，提升企业的渠道业务支持能力。与此同时，渠道销售管理者应该关注渠道销售的守法守规意识，提升渠道销售对组织规则和法律规定的敬畏，避免渠道销售在业务利益中迷失自己。

除了以上 3 点，渠道销售人员管理特别强调对人的关注。任何一个企业，使用任何手段，都不可能做到让所有渠道销售都能力出众、成本少但创收高、听话且敬业、随叫随到。既然做不到，就要知道让渠道销售拿劳动和时间交换成长和收益是不一定能实现的事。人性，是趋利避害的。渠道销售管理者要和渠道销售讲事业、梦想、未来，但是不能只讲事业、梦想、未来。

从企业的角度出发，规避用人风险、降低用人成本是无可厚非的，但是从人性的角度出发，越优秀的人，越会对企业提出各种要求，如果无法让其感受到企业的重视和认可，这些优秀的人是不会真正融入企业，贡献应该贡献的价值的。

第六节 渠道销售管理的常见问题

渠道销售日常管理制度的制定和执行非常重要，合理的管理制度可以激发团队的战斗力、提升组织的整体效益，不合理的管理制度则会让渠道销售苦不堪言，管理效率也会相对低下。渠道销售管理的常见问题有以下几点。

① 管理和监督的频次设置

很多 ToB 企业的渠道销售要写晨报、晚报、周计划、周总结、月计划、月总结、季度计划、季度总结、客户拜访报告、出差报告等。很多时候，一项工作需要反复写很多次。这样做，一方面，渠道销售管理者并没有精力逐一看完所有汇报，慢慢地，这些繁杂的汇报就会流于形式；另一方面，渠道销售需要为此付出大量的精力和时间，降低工作效率。针对周期较长的 ToB 业务，进行日常监管是重要且必要的，但是监管频次需要根据实际业务情况和管理情况进行优化。原则上，工作汇报需要频次合理，不造成渠道销售的精力浪费和时间浪费，比如以目标为导向，集中汇报核心业务情况以及需要的支持等。

📄 实战微案例

为了按要求打卡，我在客户楼下逗留了两个小时

渠道销售小泽就职于一家以提供 AI 体育解决方案为主要业务的企业，企业的日常考勤管理非常严格，渠道销售也要早晚打卡、外勤打卡、拜访客户时按照上下班时间打卡等。

小泽说，虽然每个月有两次补打卡机会，但是完全不够用，有一次，他下午 4 点结束了对客户的拜访，完全没有必要赶回公司（赶回公司只是卡上 6 点的下班时间），为了满足在正常下班时间在客户处拍照打卡的要求，他不得不在客户楼

下逗留了两个小时。对于这样的管理制度，小泽表示非常不理解，行业内很多企业已经不要求渠道销售像中后台部门的工作人员一样打卡了，说明这并不是一个值得坚持的管理制度。

渠道销售的工作特点是坐班少、外勤多，企业管理者应该合理地进行工作时长监管，优化以目标实现为导向的管理制度。

② 成本费用的效率监管

对渠道销售的成本费用进行监管是渠道销售管理的重要工作之一。渠道销售的成本费用主要包括差旅费用、宴客费用、伴手礼费用、销售公关费用、市场费用等。

成本费用管理通常和企业的整体成本管控相关。确定各层级渠道销售的成本费用使用权限，较为合理的是参考过往业绩和成本的比例，在设置上限的同时，结合绩效管理周期内的回款额度进行周期性调整。在实际工作中，常见两类问题，一类问题是"成本费用绩效管理失效"，即有成本费用预算但无效果评估，没有把成本控制奖惩机制与渠道销售的日常工作指标联系上，成本费用评估和监管的精细化管理缺失，会导致成本费用的支出无法产生应该产生的效果，且渠道销售没有成本压力，很少在业务开展过程中主动进行成本管控；另一类问题是"成本费用绩效管理越位"，即成本费用管理力度大于业务目标管理力度，在强成本费用管理之下，渠道销售不敢花钱，担心如果花了钱但没有取得理想的效果，会比未实现业务目标带来的绩效负面影响更大。这两类问题在企业中普遍存在，有效的成本费用管理是在这两类极端问题中找到平衡点，提高企业渠道销售的成本费用使用效率。

③ 渠道销售的成长管理

渠道销售的核心成长是认知力成长和资源力成长。认知力成长，会直接影响企业的发展，以及渠道销售对企业的信任度和依赖度；资源力成长，需要在企业的综合赋能中实现。

渠道销售的成长常被企业忽视，很多企业管理者有一个管理误区，即认为渠道销售应该凭借自己的努力获得成长，或者认为市场是最好的老师，可以放心地把渠道销售放到市场上去锻炼、试错、成长。其实不然，渠道销售的成长管理对于企业来说非常重要，这不是让优秀的人更优秀，而是让企业更强大。一般来说，渠道销售的认知力成长需要通过打造学习型企业文化实现，即由企业主导，打造互相学习、向优秀的人学习、向优秀的案例学习、向优秀的竞争对手学习的持续性学习型企业文化。而渠道销售的资源力成长一方面需要企业不断提升品牌影响力，给予渠道销售资源赋能，另一方面需要企业用规范的成长工具指导渠道销售和企业一起成长，不断提升渠道销售的资源拓展能力和成交能力。

④ 渠道销售的会议管理

渠道销售的会议管理也是企业的渠道销售管理的重要工作之一。根据行业的不同和企业文化的不同，不同企业的会议频次和风格有所不同。渠道销售的会议一般有4种，分别为计划型会议、复盘型会议、协同型会议、培训型会议。

计划型会议以达成目标共识为开会目的，有计划、有共识，才有结果；复盘型会议以工作效率提升为开会目的，没有带来工作效率提升的复盘是没有意义的；协同型会议以确定具体协同动作和时间为开会目的，协同工作时切忌各说各话，只有在具体的协同分工和各工作完成节点上达成共识，协同型会议才有价值；培训型会议以精准、有效为开会目的，渠道销售的培训型会议更应该以提升销售认知、提供销售工具、解决销售问题和提高销售效率为开会目的，切忌形式主义。

在渠道销售的会议管理工作中，不管会议属于什么类型，都应该以"应减尽减"为核心原则，即能不参加的渠道销售就尽量不参加、能不开的会就尽量不开、能减少会议时间就尽量减少会议时间，让渠道销售把更多的时间用在对外工作上。

⑤ 渠道销售的绩效管理

渠道销售的绩效制定、绩效执行和绩效兑现是渠道销售绩效管理的 3 个关键环节。

根据企业所属行业和具体情况的不同，渠道销售的绩效制定可以使用不同的工具、考虑不同的维度，需要考虑的核心维度是数据目标维度、客户服务维度、成本管控维度，有的企业还要考虑成长维度。渠道销售的绩效制定，除了要对企业的整体业务目标进行分解，还要综合考虑渠道销售自身的成长阶段和能力阶段，与此同时，企业需要与渠道销售达成目标共识和目标实现行动计划共识。

渠道销售的绩效执行通常以组织赋能、绩效优化为主要目的，在渠道销售的工作开展过程中，企业需要通过绩效执行，不断优化渠道销售的工作效率和目标实现效率。随着经济社会的发展，技术手段和组织管理观念的升级、迭代，绩效执行的工具和方法得到了优化。在渠道销售绩效执行过程中，最重要的是企业、管理者和渠道销售有共同的话语体系和行动认知，不管是工具的选择还是管理理念的选取，合适的就是最好的。

渠道销售的绩效兑现应该以客观、公平和及时为核心原则。绩效兑现的客观性要求企业以达成共识的业务目标和绩效承诺为基础进行兑现；绩效兑现的公平性要求企业在绩效兑现的过程中兼顾企业整体的公平；绩效兑现的及时性要求企业的绩效兑现在兑现周期内完成，延迟绩效兑现，不管是对企业的公信力来说，还是对其产生在渠道销售身上的激励效果来说，都是有很大的负面影响的。

第七节
案例——企业销售团队集体辞职去竞争对手企业

案例企业在其发展之初，势如破竹，占据了市场先发优势，拥有很强的品牌影响力。即使该企业现在已经名存实亡了近 5 年，同行业企业依然会时不时提起该企业当年的辉煌。

案例企业是怎么名存实亡的呢？从直接原因上看，是渠道销售负责人带着渠道销售团队集体辞职去竞争对手企业造成的。笔者和事件中的渠道销售负责人聊过，他说，他是和案例企业一起成长起来的，对该企业有很深的感情，企业发展很快，是好事，但是，该企业的创始团队不注重组织管理能力的提升，他的离开，是无奈的选择。具体发生了什么呢？案例企业发展起来之后，企业的创始团队开始因为利益分配而内耗，没有关注组织管理，更没有关注对渠道销售的支持和对渠道客户的赋能，产品迭代缓慢，售前、售后服务跟不上，甚至纵容渠道销售和渠道客户抢项目，企业的市场声誉受损，团队推动业务越来越难，大家看不到任何改变的迹象，看不到希望和成长，只看得到不断增长的业务目标。没有工作动力，没有配套的激励体系，也没有足够的客户赋能，因此，离开是迫不得已的选择。事件中的渠道销售负责人对笔者说，他之所以带着团队去竞争对手企业，有要求更多激励的原因，但更多的原因是这些渠道销售只会做这类工作，他们也需要生活。因为不想有更多支出，案例企业在该团队离开时连竞业禁止协议都不签，可见其管理有多么混乱。

渠道销售管理是一项需要从战略的高度入手开展的工作，做得好，可以极大地促进渠道业务目标的实现；做得不好，则有可能为企业带来结构性风险。如何通过渠道销售管理为团队赋能、为客户服务、为企业创造价值，是每一个渠道销售管理者都需要深入思考的问题。

本章教练助手

1

您所在企业的渠道销售会针对业务目标的实现制定行动计划吗?

_____
_____
_____

> **Tips** 渠道销售管理者一方面要管理渠道销售的业务目标,另一方面要管理渠道销售为业务目标的实现制定的行动计划,这是企业业务目标能够实现的根本保障。

2

您所在企业是如何进行客户信息管理的?

_____
_____
_____

> **Tips** 客户信息管理系统是 ToB 企业的工作人员需要熟练使用的渠道管理工具。在该系统上完成对渠道客户的信息管理、项目报备管理和内部协同管理,能够显著提高 ToB 企业的工作效率。

3

您所在企业的渠道销售离职率高吗？您觉得导致渠道销售离职的主要原因是什么？

_____
_____
_____

Tips　渠道销售的离职率能够在一定程度上反映企业的渠道管理水平和赋能水平，是重要的渠道管理质量评价指标。

第八章 心智修炼之道——失之得之

渠道销售的喜怒哀乐经常被"失""得"二字影响。得失之间,需要面对人世百态。渠道销售应该如何修炼心智、提升工作幸福感呢?本章来讨论与之相关的问题。

第一节

优秀渠道销售的 3 种类型

渠道销售工作是一项非常考验从业者心智的工作，因为它距离利益很近，距离人性也很近。人性，是最复杂、多变的。优秀的渠道销售，不仅要能极其理性地对机会有敏锐的洞察，还要有百折不挠、舍我其谁的逆境抗压能力，如果能在面对复杂人性时始终保持热忱、坦诚的心性就更好了。

可以说，渠道销售工作是所有销售工作中最考验从业人员对人性的洞察力和包容力的工作，因为渠道销售的多数时间和精力都用于在茫茫渠道资源中寻找能够与自己合作的渠道商，并持续地将企业的价值体系传递给渠道商，促成利益兑现。

作为渠道销售，一方面需要为企业创造目标实现价值，另一方面需要用企业的产品及服务打动渠道商，向渠道商传递产品价值及服务价值。从渠道拓展到成交，渠道销售需要面对各种各样的问题，这类工作的激励机制是最直观的，能够创造价值便尽情享受激励，无法创造价值则无法获得激励。

什么样的渠道销售是优秀的渠道销售呢？根据性格类型、销售风格的不同，通过对大量优秀的渠道销售进行观察和分析，笔者将渠道销售分成 3 类，见表 8-1。

表 8-1 渠道销售的常见类型

类型	核心指标
勤奋型	1. 严格按照企业制度和规定开展工作； 2. 为企业操心、为客户操心，稳扎稳打地推进各项渠道工作； 3. 重视客户和项目商机，坚定、执着，业绩相对稳定
资源型	1. 有顶级的个人客户资源池，池内多为战略型渠道客户，通过和战略型渠道客户建立深度信任，维持相对稳定的业绩； 2. 日常工作按部就班地推进； 3. 重视对核心渠道客户的服务

续表

类型	核心指标
综合型	1. 做事有章法； 2. 有优质的个人客户资源池，能满足企业的日常工作要求，但业绩不太稳定； 3. 不墨守成规，会尝试使用创新型工作方法

勤奋型渠道销售是笔者个人比较欣赏的渠道销售。这类渠道销售的起点往往不高，但是遇到机会会全力以赴。他们严格遵守企业的各项制度，不会成为销售规则的破坏者，经过一段时间的资源积累，他们往往会成为企业中的销售骨干。在实际工作中，这类渠道销售往往需要企业给予一定的指导和支持，否则，很有可能会因为做了很多无用功，浪费人力资源和组织资源。

资源型渠道销售是企业的宝贵资产，尤其是初创企业，大多非常喜欢资源型渠道销售，因为他们可以很快带来业绩，在一段时间内成为企业业绩的重要保障。相对来说，这类渠道销售不好管理，他们有时会在客户利益和企业利益之间做规则外的"平衡"，成为渠道规则，尤其是价格规则的破坏者。

综合型渠道销售较为常见，他们通常有比较成熟的做事章法，也有一定量的资源，能够按照企业的业务要求和工作流程开展工作。他们完成业务目标相对来说比较吃力，所以常探索新的工作方法。在企业中，这类渠道销售占较大的比例，他们一般不会在工作中寻求价值感和事业感，工作目标往往止于完成任务，在此基础上规划工作进度。

第二节
渠道业务的 6 个真相

渠道销售很辛苦,渠道市场像是一个没有硝烟的战场。所有战争都是残酷的,胜者为王,败者为寇。战争的残酷性决定了战场上的人要讲求策略和战术,要知己知彼,这要求渠道销售不仅要充分了解自己的产品及服务的价值,还要知道渠道客户需要企业提供什么价值;不仅要比客户更了解其真实需求,还要比竞争对手企业更了解客户的需求。

在实际工作中,有一些普适问题经常困扰渠道销售,出现这些问题的原因,往往是渠道销售并没有真正地领悟渠道工作的某些真相。

① 企业的产品及服务永远不可能满足客户的所有需求

在实际工作中,渠道销售常想在客户面前把企业的产品及服务包装得非常完美,满足客户的所有需求,但是事实上,任何企业的产品及服务都不可能满足客户的所有需求,客户心里很明白这一点。所以,不管如何包装,请务必在话术中适度留白,以便后续合作中产品及服务出现问题时,有客情维护的退路。此外,更客观的产品及服务描述,更容易给渠道客户留下"务实"的印象。

事实上,渠道销售完全不需要把企业的产品及服务描述得完美无瑕,只要比竞争对手企业的产品及服务更符合客户的需求,在行业中处于领先地位就可以了。好比在动物世界中,被猛兽追捕时,想要活命,不需要跑赢所有竞争对手,只需要跑赢大部分竞争对手就可以了。

认识到企业的产品及服务永远不可能满足客户的所有需求,才能够真正获得主动权。获得这种主动权,需要让渠道客户认识到你是最好的选择,而不是最完美的选择。认识到这一点的渠道销售,在组织协同中会更加客观和豁达。

② 在谈判中，坦诚往往比过度包装效果好

很多渠道销售在和客户谈判的时候，为了获得客户的青睐和认同，会大包大揽、夸大其词。适当地包装自己是必要的，但是切忌过度包装。

能力越强的渠道商和企业的行业信息差越小。在渠道商很有可能已经非常了解企业的产品及服务的情况下依然有坐下来谈判的机会，意味着双方有比较吻合的、彼此需要的点，面对这样的渠道商，坦诚是最好的谈判技巧，越坦诚越容易赢得渠道商的好感，进而加快进入针对真实需求进行沟通的环节。

很多渠道销售的困扰来源于如何让渠道商认为自己和自己所在的企业非常强大、非常专业，以至于面对重要谈判时患得患失、非常焦虑。事实上，合作的前提是彼此需要，做足功课之后，针对客户需求进行有针对性的谈判，强化彼此需要的点即可，不必事事过度包装，坦诚才是最有力量、最自信的谈判表现。

③ 在绝对的利益面前，没有忠实的客户

因为信息差的存在，渠道商很有可能在不了解行业的情况下和企业达成合作，在渠道商对行业越来越了解，发现了品牌力更强、利益机制设置更具吸引力的同类企业后，"移情别恋"是非常正常的事。在这样的事实面前，失去渠道客户的渠道销售不必懊恼、沮丧，若企业的品牌实力和资金实力在行业里不占据优势地位，商务合作结果不是能够凭借一己之力改变的。

正所谓尽人事，听天命。渠道销售只需要做好自己应该做的事情，要知道，渠道客户的短暂离开不是因为你的无能，你并不需要因此质疑自己。对渠道客户的离开做好客观原因复盘，使之成为企业提升组织能力的重要依据，这也是渠道销售的重要工作之一。

④ 被拒绝在渠道工作中极其常见

被拒绝，是很容易让人陷入自我怀疑和自我否定的。任何类型的销售工作的从业者，都是伴随着被拒绝成长的。打电话时被不礼貌地挂断、预约拜访被冷漠地拒绝、拜访中被拒绝面见决策者、谈判时被无情地指出所在企业或者个人的不足……都是销售工作从业者经常遇到的情况。

越成熟的渠道销售，有越强的自我调节能力和业务应对能力，这不是因为他们对"被拒绝"没有感觉，而是因为他们知道，在渠道工作中，拒绝不熟悉的销售、拒绝不熟悉的企业、拒绝不符合自己要求的人、拒绝看不到利益的商机和项目是渠道客户下意识的、正常的反应。如何降低被拒绝的概率、如何在被拒绝之后继续为了合作采取有效的补救措施，本身就是渠道销售工作的一部分。

实战微案例

做销售工作，太脆弱不行

渠道销售小伟就职于一家医疗 SaaS 软件企业，是企业连续几年的"销冠"，在业务经验分享会上，小伟说："我并不是一个有很多资源的人，是每天坚持拓客这个工作习惯给我带来了非常多的机会。工作时间久了就会发现，销售是一项概率工作，没有足够的基础，就没办法保证业务量达标。"小伟每天会用 2~3 个小时的时间拓客，现在的信息获取渠道太多了，他几乎关注了行业里各知名企业在各平台上的所有媒体型新媒体账号，这些新媒体账号背后有很多社群，他会努力加入其中。小伟会将自己在社群里的备注直接改为自己的核心产品，不硬生生地发广告，仅通过和群里活跃的人进行话题互动或者给予信息回应，他就能得到非常多找他咨询的人。与此同时，小伟会定期参加行业内的各种大会，在会上结识精准的渠道客户。小伟还有一个高效的拓客渠道，即招投标网站，通过浏览招投标网站，找到符合要求的渠道商，想尽办法建立合作。

小伟认为，销售工作是一个体力工作，需要韧劲儿，还需要放下面子。有韧劲儿是他的优点，放下面子这件事，他其实也努力了很久才做到。小伟有一位非常有实力的客户，一开始，客户对他并不感兴趣，被客户花样拒绝多次后，小伟很想放弃，但是那段时间，他的业绩压力非常大，便想尽办法继续找中间人介绍帮忙，最后，他终于和这个有实力的渠道客户达成了合作。这个渠道客户现在和小伟的关系很好，有一次吃饭时，渠道客户对小伟说："我一直以你不肯放弃的这件事为例培训我的团队，做销售工作，太脆弱不行。"

拒绝，也是一种渠道业务互动形式，适应这样的互动形式并习得如何在这样的商务互动中提升自己的商务能力，是渠道销售必须修炼的课程。认识到了这一点，并接受它，才不会时时觉得沮丧。要知道，即使是那些销售精英，也都经历过刻骨铭心的拒绝。

⑤ 能搞定难搞的客户才是本事

笔者曾和很多渠道销售进行交流，提起印象最深的案例时，大家想到的往往是经历过的难搞的项目或者遇到过的难以沟通的客户，因为搞定这样的项目和客户，带给人的成就感是巨大的。

📄 实战微案例

再难搞的客户也总会有人搞定，为什么这个人不能是我？

渠道销售小蒙就职于一家智能硬件企业，他遇到过一个客户，这个客户对产品与服务的要求、对交付细节的要求，都苛刻到了"离谱"的地步。小蒙和该客户合作的单额为300万元左右，从标准产品的采购，到定制内容的设计和交付，客户事无巨细地过问，而且不允许打折扣，让小蒙及其所在团队深感压力巨大。

通过多轮谈判，小蒙终于找到了客户可以接受，团队也可以尽全力达到的平衡点，初步方案确定后，小蒙主动向该客户提出，让他的团队参与后续方案的优化、执行，一方面减轻交付压力，另一方面降低执行过程中多层中转沟通的出错风险。此外，小蒙认为，增加和客户团队的互动，可以加强彼此的信任，为后续合作打下基础。

小蒙说："再难搞的客户也总会有人搞定，那么，为什么这个人不能是我？我就是这样激励自己的，为解决问题找方法，而不是为失败找借口。客户难搞，不应该成为失败的借口。"

客户难搞，最重要的原因之一是对产品及服务的要求很苛刻，遇到这样的客户，是团队成长和修炼的机会，让团队在未来的客户服务过程中更加从容。没有遇到过所谓的"奇葩客户"的渠道销售很少，直面一次次挑战、解决一个个问题后，回头看时会发现，往往是这些客户实实在在地促进了我们的成长。

⑥ 回款到账才意味着真正的认可

实际工作中，不管渠道客户给了多少肯定和正向反馈，回款不到账，就意味着合作未完全成功。回款到账，代表着渠道客户对此次合作是满意的，不希望在合作的最后环节给渠道销售和企业带去不好的印象，影响未来的合作。

履约，是所有商务互动的基础。回款到账，作为合作的阶段性结束标志之一，不仅意味着企业和渠道客户彼此的认同和满意，也意味着渠道业务形成了确定的闭环。在项目启动之初，渠道销售就应该有这样的"以终为始"的闭环意识，对商务互动中的承诺做客观的评估和反馈，防止被渠道商"反向画饼"。

实战微案例

在商言商，该谈钱的时候就谈钱，别谈感情

渠道销售小邹就职于一家教育信息化企业。小邹在其负责的区域中成功拓展了一个渠道客户，这个渠道客户的项目推动算是比较顺利的，但是其迟迟不付尾款，已经拖延了快半年了，眼看着临近年底，绩效考核周期快到了，回款不到账，此单是无法算入小邹的业绩的。小邹催回款催了很多遍，客户总是以各种原因拖延付款，小邹不好意思催得太紧，因为在合作过程中，该渠道客户和他称兄道弟，许诺以后还和他合作，他怕催得太紧，影响客情。

得知此事后，小邹的领导给小邹好好地上了一课。他告诉小邹，首先，这个客户和他是没有历史合作交情的，不存在对他的绝对认可和赏识；其次，这个客户的项目所在地是企业重点关注的区域，合作时是给了利益优惠的，该客户可以说是为了优惠和企业进行合作的；最后，虽然这个客户手里可能还有一些商机，但是目前看都还不太成熟。

综合评估后，领导建议小邹更正对这个客户的认知，并正确对待双方的合作关系。最终，小泽依据企业的催款流程，寻求法务的帮助，向客户出具催款函，配合妥当的商务沟通话术，催回了这笔回款。小邹说，通过这次合作，他获得了成长，如果客户真的认可他，会直面钱的问题，而不是一直"画大饼"。

优秀的渠道销售不仅需要有较强的业务能力，还要能够精准掌握企业的产品及服务价值、品牌价值，并有效地传递给客户。此外，在面对诸多工作过程中的棘手问题和商战真相时，优秀的渠道销售要有客观的自我认知，并对人性有正确的洞察。

第三节 目标感

渠道销售的本质是销售，销售既残酷，又能让人获得成就感。我们常说"勤能补拙"，确实如此，但是在渠道工作中，切忌"自我感动"。在规定的时间内实现既定的目标是渠道销售的核心工作，如果无法做到，付出越多的勤奋，显得越可悲。

渠道销售必须有强烈的目标感，根据目标分解工作、规划行动。一旦确定目标，渠道销售要做好每一步的准备工作和成交准备，不能避重就轻，更不能虎头蛇尾。目标感对渠道销售而言非常重要，一个没有目标感的渠道销售，是不可能取得骄人的成绩的。

① 目标管理

管理学大师德鲁克说："人人都需要目标管理。"作为渠道销售，更是需要进行合理的目标管理，因为是否实现了目标是检验工作效果的最直接标准。那么，渠道销售应该如何进行目标管理呢？

首先要明确目标。作为渠道销售，要明确自己的工作目标，切实知道自己究竟要将工作完成到什么程度。明确目标，不仅包括明确年度目标，还包括明确季度分解目标；不仅包括明确实现目标的概率，还包括明确实现目标过程中的核心风险。

其次是基于目标，根据个人实际情况，制订符合个人能力积累程度及资源积累程度的行动计划。制订行动计划时，应该在符合市场规律的基础上，尽量把时间节奏往前提。

最后是在制订行动计划的基础上，借助企业的力量，完成目标管理。借助企业的力量，即向成功者要经验，向协同者要支持，向管理者要资源。向成功者要经验，就是要向企业内销售成绩一直靠前且客户关系维护得非常好的人学习，所谓成功者，可以是"销冠"，也可以是销售管理者；向协同者要支持，就是要深刻地认识到单枪匹马是无法上战场的，作为渠道销售，要和产品经理、售前售后工作人员、销售支持工作人员做好工作协同，这是渠道工作成功的重要保证；向管理者要资源，就是要尽可能地在组织允许的范围内索取资源支持，以及经验支持，管理者之所以成为管理者，是因为他们走过你走过的路，经历过你经历过的苦，并较好地解决了问题，他们甚至比你还要了解你所遇到的问题，向他们索取包括经验、资源在内的一切支持是高效且合理的，因为你的管理者需要和你一起对共同的工作成果负责。

② 善始善终

渠道客户的日常沟通和管理工作是非常琐碎的，面对大量需要拓展、赋能和服务的渠道客户，很多渠道销售的工作会无序且杂乱。在实际工作中，很多渠道销售面对渠道客户有沟通不及时、拜访效率低下、服务不够深入等问题。

面对每一个进入"精选层"的渠道客户，进行善始善终的服务和管理是至关重要的。渠道客户会不会稳定地留在企业的渠道体系中，和渠道销售的渠道工作风格息息相关。对于新的渠道客户，要"善始"，因为善始是建立信任和互动的开始；对于即将结束合作项目的渠道客户，要"善终"，因为合作过的客户的评价会影响企业的客户口碑，且"善终"的客户很有可能为企业带来更多的客户资源；对于所有持续合作的渠道客户，要"善始善终"，这是最考验渠道销售的渠道服务能力的，不要给客户留下企业赚到钱就不管他了的感觉，这非常不利于持续合作。

善始善终，不是要求渠道销售在无效的工作上浪费精力和时间，而是要求渠道销售时时怀有播种善念之心。同一行业的渠道圈子往往不大，持之以恒、善始善终、敬业、专业的客户服务风格和态度会为渠道销售日后的客户拓展带来更多的可能性。抛却这样功利的出发点，善始善终的客户管理也可以为渠道销售的工作提供更好的闭环经验，为其日后的客户服务工作提供参考和借鉴。

第四节 同理心

孟子说："爱人者，人恒爱之；敬人者，人恒敬之。"同理心，是大家耳熟能详的名词。强调同理心，就是在强调换位思考，强调"己所不欲，勿施于人"。

如果确定从事渠道销售工作，那么就需要修炼同理心。这要求渠道销售先"敬天"，尊重天道，尊重人性，尊重规律；再"爱人"，让自己有一颗包容和利他的心。有同理心的渠道销售更容易站在渠道客户和企业的角度思考问题，会较少地否定自己或者"钻牛角尖"，有更高概率实现目标，也更容易获得幸福感。

同理心，通常可以理解为换位思考，在渠道工作中，渠道销售需要有的同理心主要包括客户同理心和组织同理心。

① 客户同理心

有客户同理心，顾名思义，就是能站在客户的角度思考问题。渠道销售站在渠道客户的角度思考问题，往往更容易理解渠道客户关注的要点和担心的问题，进而更容易通过反向沟通化解渠道工作中的难题。有客户同理心，可以让渠道销售更包容，遇到问题时，不再认为客户的问题和质疑是对自己的刁难，而是看透本质，直面合作中的利益层面的问题。

② 组织同理心

组织同理心，一般指渠道销售对组织的认可和包容。渠道销售想实现个人目标，离不开组织的支持，单枪匹马地工作，效率极低且有可能事倍功半。那么，在组织协同中，如何基于共同目标的实现和对彼此工作节奏、安排的理解、尊重进行沟通和互动呢？答案是提高组织同理心，因为这直接影响渠道销售的目标实现效率。提高对组织的认可和包容，不是回避问题，也不是回避冲突，而是在面对组织协同的问题和冲突时，主动让自己站在协同者的立场上，思考问题和冲突出现的核心原因，以及如何共同解决问题。

在实际工作中，常看到销售部门与产品部门互相埋怨的场景——销售部门对产品部门怨声载道，埋怨产品及服务无法满足客户的需求，影响了业务目标的实现；产品部门则质疑销售部门能力不足，是在以产品及服务非刚性缺点为借口，为自己无法实现业务目标开脱。如果销售人员和产品人员都不能站在对方的立场上思考如何实现业务目标，只会徒增组织协同成本，不仅不利于组织内部的信任关系和协同关系的建立，还有可能影响渠道工作的开展和业务目标的实现。

具备了组织同理心，渠道销售会提高自己对组织的认可和包容，会更加良性地和组织进行互动，这不仅有助于提高工作效率，也有助于拥有更好的身心状态。具备了组织同理心，渠道销售也能够更加精准地对渠道客户做出服务承诺，并借助组织的力量兑现承诺，这是对客户负责的体现之一。

第五节 向内求

内在修养的提升是成功的必要条件，人的认知水平决定了其眼界，也决定了其为人处世的方式。"向内求"的意思是，我们应该不断地通过自我觉察，提升自己的格局和层次，因为底蕴的厚度决定了事业的高度。

没有人是完美的，无论多么优秀的渠道销售，都会有自己的不足，都会发现短板、遇到瓶颈。重要的是，遇到自己不了解的问题或者面对客户的质疑、工作中的失败时，能够向内求的渠道销售会用积极的心态直面冲突和问题，接受他人的建议和批评，将一时的挫折和困境当成督促自己更好地成长的良机，认识到自己需要继续提升并付诸行动。总之，向内求要求渠道销售聚焦于解决问题，而非逃避问题；聚焦于追求成长，而非掩盖不足。

工作，应该服务于幸福感的获得，即获得幸福感的前提是不要从事让自己觉得备受煎熬、消耗生命的工作。如果无法从渠道销售工作中获得基本的成就感，或者时常因为渠道销售工作无法带给自己和家人更好的生活而备感煎熬，渠道销售就要及时进行自我觉察、调整和提升，就要专注于向内求。

国内有一家知名的管理咨询企业，其企业文化之一是"人生如莲，三度修炼"，强调成功是浅浅地浮在水面上的那朵看得见的花，这朵花能否开放得美丽、灿烂，取决于水面下看不见的那些根系和养分，如图8-1所示。

图8-1 人生如莲，三度修炼

一个人的态度、气度和底蕴厚度，就像睡莲的根系和其要吸收的养分，虽然看不见、摸不着，却决定着我们的人生能否开放成功的花朵。因此，想思考人生如何走向成功，必须潜心关注内在与根本。

做渠道工作，只要不断地提高自己的修养，不断地追求成长和进步，经过时间和岁月的沉淀，一定会绽放动人心魄的莲花。

① 向内求需要豁达的心态

渠道销售无法改变渠道客户的行事风格，也很难影响企业的协同风格，这就决定了无论在企业内还是在企业外，遇到问题时，渠道销售要先问问自己，真的是别人的问题吗？可不可以通过改变自己或者提升自己来解决问题呢？

看起来，让别人做出改变更容易解决问题，但事实上，让别人做出改变恰恰是最难的事，改变自己才是解决问题的捷径。通过自我修炼，不断提升自己的情商和逆商，是会让渠道销售受益良多的功课。

② 向内求更容易获得成长

向内求是自律的表现之一。渠道客户提出的要求、企业遇到的难题等，都需要渠道销售去面对、去响应。每一次化解难题的过程，都是成长的过程。既然成长是一个持续性的必修课，那么，从改变自己做起，从内心出发，是自我提升的最好方法。

对于渠道销售来说，完成工作的过程也是成长的过程，好的、坏的，都应该不断地去接受和消化，这本身就是一种自我提升的表现。渠道销售应该意识到，没有无缘无故的爱，也没有无缘无故的恨，渠道客户不是天使，也不是恶魔，经历客户和市场的打磨、锤炼，慢慢修炼越来越强大的内心，这是成熟和成长的需要，也是渠道销售向内求的核心命题。

③ 向内求可以把握成长主动权

向内求，需要渠道销售以自己的能量场为圆点开展工作，不将希望寄托在任何不可控的外在因素上。向内求，可以督促渠道销售时时刻刻反思自己还能做什么，自己做的是不是已足够，而不是被动地等待别人的支持和帮助。比如，企业给予的支持跟不上时，自己去想办法，而不是被动地等待和抱怨；又如，渠道客户不配合时，主动去提升沟通的质量，而不是责怪客户不专业等。

凡事向内求，能够帮助自己在很多人和事的处理上获得更多的主动权，同时潜移默化地提升自己的能量场，得到更高维的支持和资源。

第六节 知行合一

"知行合一"强调修行和成长不是坐而论道,人必须通过做事进行磨炼,才能稳稳立足,达到"无论是动还是静,都保持心中平静"的境界。"知行合一"强调认知与实践的统一,客观的自我认知是指导实践的重要前提。渠道工作的开展,需要渠道销售知行合一。

① 自律

在渠道工作中,我们常看到一些渠道销售用"行"的勤奋掩饰"知"的懒惰,或者用"知"的丰富掩饰"行"的匮乏。比如,有些渠道销售明知某些行为不可为而为之,在确定某些渠道客户的诉求无法满足的情况下,依然为了获得短期信任而盲目地答应;又如,有些渠道销售明知一些工作必须去做但仍然不断拖延,面对日常的拓客工作时,为了逃避枯燥、被频繁拒绝而推三阻四,这些表现,都是知行不合一在渠道工作中的常见表现。

有类似表现的渠道销售并不是少数,他们往往平常浑浑噩噩,到了要进行业务考核的时候开始焦虑、失眠、不知所措。这类渠道销售的痛苦往往来源于此——明明知道应该去做什么,却怠于去做,在并不理想的结果出现的时候不是选择第一时间提升自己,而是倾向于抱怨外界因素。

让我们痛苦的,往往不是我们无能为力的事情,而是那些应该去做、可以做到,但并没有去做的事情。普遍未知的事情,我们不做,别人也不见得会做,而普遍已知应该做的事情,我们没有做,别人可能会做,看到别人因为做了普遍已知的事情而取得了成绩时,已知却未做更容易让人陷入痛苦。这种痛苦的来源就是"知行不合一"。

② 接纳自己

知行合一的渠道销售往往会非常笃定和自信地面对工作，因为他们明确知道自己的认知边界和实践准则，并能不断沿着正确的方向强化自己的认知、指导自己的实践，形成良性循环，不断提升能力并创造好成绩。

渠道销售需要将"知行合一"作为自我修炼的重要心法，不避重就轻，也不妄自菲薄，不断通过实践提高自己的认知，进而用不断提高的认知指导自己做出更加高效的实践，取得更好的成绩。拥有知和行的正向循环，即可在日常工作中更加洒脱、自如。

③ 管理好自己的心

知行合一，需要我们时时关注自己最真实的内心，并通过自我觉察管理好自己的心。前行的路，时而一马平川，时而崎岖险阻。作为行路人，我们总要路过不同的人和事，路过得与失，路过争与不争，路过爱与不爱，路过世俗功利，路过执着与和解，才能不断看到远方的风景。

只有管理好了自己的心，才能够在顺风的时候把控好速度，在逆风的时候把控好方向；只有管理好了自己的心，才能够更从容、更温和地面对职业生涯中不同的人、事和风景，更幸福地过好这一生。

本章教练助手

1

您坚持做了哪些有关"成长"的事情？

_____
_____
_____

> **Tips** 作为职场人，最重要的是把时间投入最值得做的事情。认知能力的提升是最值得做的事情之一，认知的边界决定事业的边界，在成长这件事上，要做一个长期主义者。

2

在渠道业务的开展过程中，您通常如何化解负面情绪？

_____
_____
_____

> **Tips** 渠道业务的开展几乎不可能一直顺利，遇到问题是非常平常的事情。渠道销售一定要找到适合自己的化解负面情绪的方法，比如读书、运动、旅游、交友、陪伴家人，让自己幸福才是工作的根本意义。通往幸福的道路并不平坦，大家要持续地自我察觉与修炼。

3

在渠道业务工作中,您常常拥有成就感吗?

_____
_____
_____

`Tips` 渠道销售的激情与动力往往来自一次又一次成功带来的成就感,这成功背后是日复一日、年复一年的自我修炼与成长。如果你常常拥有成就感,那么恭喜你,你正在自我修炼与成长的道路上渐入佳境;如果没有,那么请努力内修,只要开始做,你就走上了通往自我提升的道路。

结 语
Epilogue

在写书的过程中,我回顾了自己多次创业的经历,也回顾了通过管理咨询参与见证的近百家 ToB 企业的业务开展过程中的至暗时刻。无论处于什么发展阶段,无论属于什么行业,生存,是企业最根本的任务。对于 ToB 企业来说,销售效率是影响其生存与发展的至关重要的因素,即它不仅影响企业的生死存亡,更影响企业的发展质量。

作为销售的重要方式之一,渠道销售在中国的商业实践中发挥着越来越重要的作用。从 ToB 业务的角度看,一个项目,既可能让濒临倒闭的企业起死回生、渡过难关,又可能让运行良好的企业陷入经营泥淖,直面业务量急转直下的转折点。

渠道工作者应该知道,做渠道工作是需要手感的,需要找到属于自己的节奏。看起来复杂的难题,随着经验的积累,大多可以摸索出"大道至简"的方法,这方法就是属于每个人自己的"道"。《渠道之道:渠道工作者的案头工具书》也许无法为渠道工作者解决工作中的所有困惑,但是应该可以成为每位渠道工作者的"案头工具书",工作中遇到困难时翻开看一看,即使找不到解决问题的直接方法,也能打开思路,获得解决问题的灵感。

经济形势变幻莫测,市场越来越需要可以贡献真正价值的实干派,而非沉迷于冒险的逐浪者,主攻 ToB 业务的渠道销售需要更深刻地意识到这一点。不要寄希望于外部力量的加持,没有任何一份持久、高质量的助力会脱离你自身的价值而存在，放弃投机幻想，脚踏实地地做好产品、做好渠道服务，这是最难但最可靠的行动。

我很喜欢滑雪，虽然会一次次摔倒，但是每次摔倒都能帮助我积累经验，摔的次数多了，我学会了预测摔倒风险，慢慢地，我滑得越来越好、越来越快，可以越来越自如地感受滑雪带来的速度与激情。渠道销售工作和滑雪相似，没有任何一个渠道销售没有被拒绝过、没有经历过失败，事实上，被拒绝才是渠道拓展的常态。我希望所有渠道销售都可以不断提高自己的痛苦阈值，通过学习、自律、唤起热情，去战胜工作中的所有挫折。在遇到挫折时，找到化解、释放痛苦的方法，让自己在被拒绝、被否定后，有直面失败的勇气和重新来过的气魄；在被肯定时，保持平常心，不骄不馁，找到自己的工作节奏和成长节奏，只有如此，我们才能不断修炼，慢慢强大。

这本书的写作，是一次探索和自我觉察之旅，感谢一路以来帮助我在商业实战中不断积累和成长的人和事，感谢所有美好及不美好的经历，我之所以成为我，它们至关重要。

行笔至此，我要感谢挚爱的家人，感谢我的母亲，在生活中给予我爱与包容，让我可以心无旁骛地工作；感谢我的丈夫，无论何时都坚定地站在我身边支持我、鼓励我，相信我可以做成我感兴趣的事，让我可以自由地去探索这个多元的世界；感谢我的儿子，他让我想要做出更多有价值、有意义的事情，成为让他骄傲的榜样，这是我努力时最温暖的动力。

祝愿亲爱的读者朋友，都可以在这如歌如梭的岁月中，认知自我、提升自我、成就自我。

常莉